未来哲学双書

仏教哲学序説

護山真也
Moriyama shinya

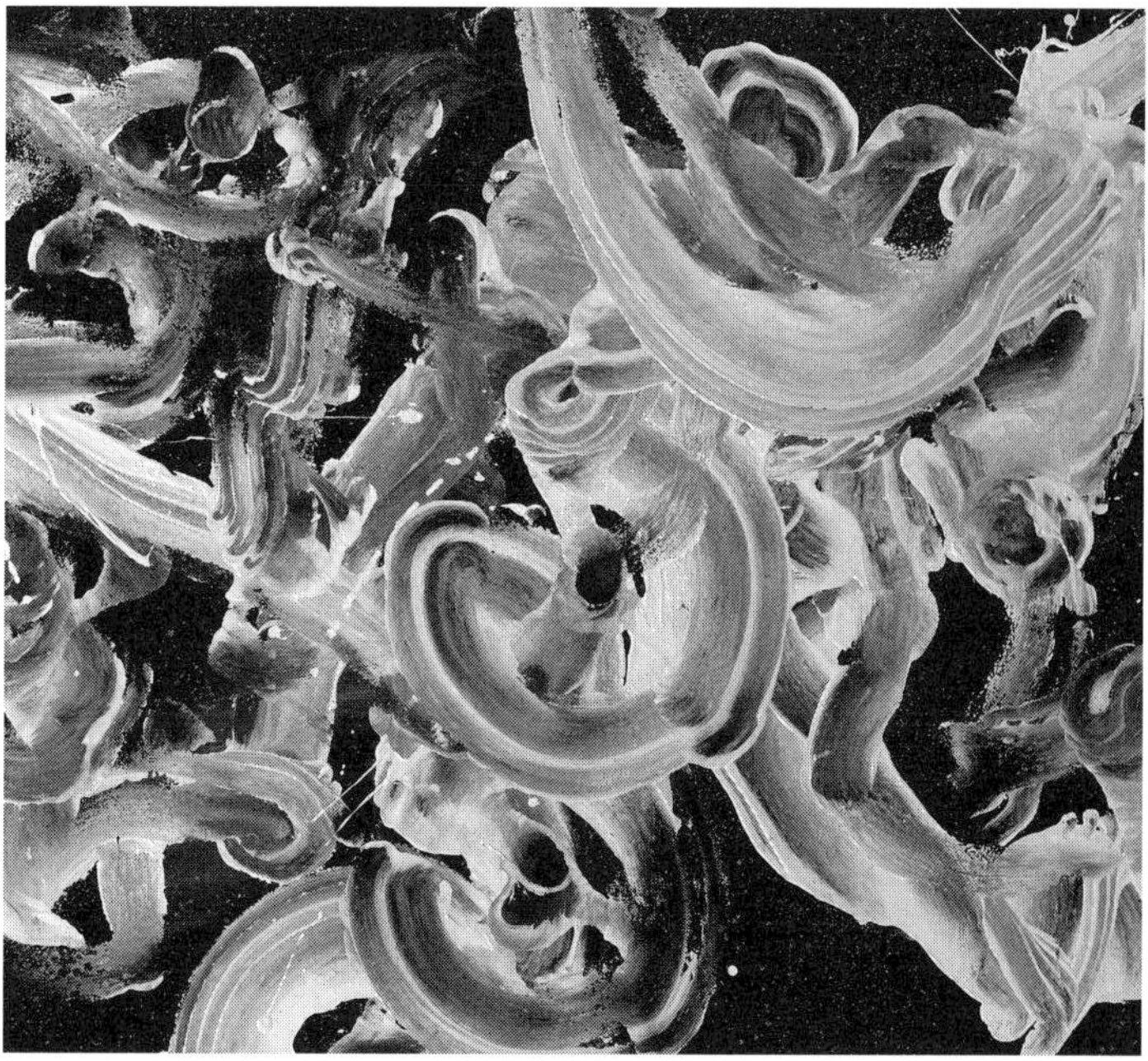

未来哲学研究所
ぷねうま舎

装画＝大森慶宣
装幀＝矢部竜二 BowWow

はじめに

本書は、日本ではあまり知られていないインド仏教の認識論に関する入門書である。ここに登場する思想家は、ディグナーガ（陳那《じんな》）やダルマキールティ（法称《ほっしょう》）とその後継者たちである。ディグナーガの著作の一部は、玄奘《げんじょう》が翻訳した『因明正理門論《いんみょうしょうりもんろん》』として伝えられており、漢訳仏典に精通している読者の方であれば、その名前をご存じであろう。一方、ダルマキールティの著作は一冊として漢訳されておらず、日本仏教の礎を築いた最澄・空海、そして鎌倉時代の法然・親鸞・道元・日蓮の著述において、彼の名前は登場しない。しかし、彼こそが、七世紀以降のインド仏教、さらにインド哲学全般にわたって決定的な影響を残した人物であり、彼が大成した仏教認識論の伝統は、インド仏教の法灯を継いだチベット仏教において生き続け、今もなお研鑽の対象であり続けている。

ディグナーガがインド哲学にいかなる革新的な考えをもたらしたのか。ダルマキールティが展開した認識論・存在論・言語哲学の要諦はどこにあるのか。——それらを知りたいと思うならば、サンスクリット語原典やチベット語の翻訳などに直に触れてみるしかない。だが、その課題を乗り越えるのは一般の読者には困難であろう。そこで、次善の策としては、専門の研究書や学術論文などに目を通すことになる。実際、この分野では、一九六〇年代以降、梶山雄一・服部正明・戸崎宏正・北川秀則・中村元・桂紹隆・岩田孝・谷貞志などの世界の一線で活躍する著名な学者が、ディグナーガやダルマキールティの研究を進め、その成果を一般の読者にも伝えてきた。彼らの専門的な著書や論文に目を通すとすれば、それは仏教認識論の世界に足を踏み入れることを意味する。

だが、ほとんどの読者にとって、その作業もまた大きな困難を伴うだろう。と言うのも、専門的な論文であれば、一定の前提となる知識をもつ専門家を相手として、その知的ネットワークにおいてのみ通用する特殊な術語や訳語を使い、場合によっては、サンスクリット語やチベット語を翻訳なしで提示することもあるからである。それらの論文を読みこなすためには、やはり仏教認識論を俯瞰する視点が不可欠である。そのための有効な参考図書として、『シリーズ大乗仏教9　認識論と論理学』（春秋社、二〇一二年）とその前身である『講座・大乗仏教9　認識論と論理学』（春秋社、一九八四年）がある。そこでは、ディグナーガやダルマキールティの思想と最新の研究を知るための貴重な手がかりが得られるだろう。また、梶山雄一『仏教における存在と知識』（紀伊國屋書店、一九八三年）は、一般向けでありながら、専門的な内容に踏み込んだ重厚な仏教認識論・インド論理学の概説書である。さらに近年では、谷貞志『〈無常〉の哲学――ダルマキールティと刹那滅《せつなめつ》』（春秋社、一九九六年）および桂紹隆『インド人の論理学――問答法から帰納法へ』（中公新書、一九九八年、法蔵館文庫、二〇二一年）が、難解なダルマキールティの刹那滅論証やインド論理学の要点を一般向けに嚙み砕いて解説してくれている。

本書もまた、一般の読者と仏教認識論の世界とを架橋する役割を担うことを目論むものである。

とりわけ、ここでは特に知覚の理論に限定して、仏教認識論の議論を概観する。ただし、その際、単に仏教認識論の議論をその伝統が語るままに提示するのではなく、知覚と意識をめぐる現代哲学のいくつかの潮流、特に現象学（Phenomenology）と心の哲学（Philosophy of Mind）の議論を比較の俎上に乗せることで、その議論の可能性と限界とを見定めたいと考えている。

筆者が仏教認識論の研究を志してより三十年あまりの歳月が流れようとしているが、ディグナーガやダルマキールティのテキストを読むたびに、そこに登場する一つ一つの術語をどのように翻訳すればよいのか、という問題に頭を抱えることになった。詳しくは本書で述べることになるが、六世紀から七世紀にかけてのインドと二十一世紀の日本、この二つの時間と場所のあいだには、幾層にもわたる思想史的・文化史的な差異がよこたわる。その差を埋めるために翻訳という行為がなされるのだが、既存の訳で考えると見えなかったものが、訳語を少しずらしただけでまったく新しい思想の風景として立ち現れることもある。あるいは逆に、訳語を変えることで、彼らがそう考えたであろう、その本来の文脈において議論の価値が捉えられるといったこともありうる。こうして、翻訳を微調整しながら、私たちは〈テキスト〉との近さと遠さをいつも味わうことになるのである。

ところで、文献学を重視する考え方からすれば、翻訳にはできるだけ余計な解釈が混ぜ入れられないことが理想であるのは言うまでもない。西洋哲学を意識しすぎた翻訳は、不純物を抱え込み、インド哲学や仏教哲学に固有の文脈を見失わせる恐れがある。しかし、こと仏教認識論のテキストに限って言えば、その多くの術語が西洋哲学の術語と重なり合うため、漢訳をそのまま流用するか、インド哲学、仏教哲学に固有の訳語を新規に編み出すのでなければ、西洋哲学の概念を混入させた形で翻訳が出来上がることになる。であるならば、むしろ積極的に西洋哲学との対話を進め、その本来の伝統の文脈を多少切り捨てることになるとしても、西洋哲学に馴染みのある読者が読んでも混乱が生じないような翻訳の方が望ましいという考え方もありうるだろう。

このような翻訳をめぐる困難をあれこれと考えているうちに、いつしかこのような悩みそのものが、比較思想の一つの実践の形ではないかという気もしてくる。ディグナーガやダルマキールティの思想をその翻訳の困難さもふくめて読者の目にさらし、広くその問題を共有することが大切であるように思われるのである。そして、そのためには、ダルマキールティの知覚論が現象学や心の哲学とどの程度まで共通の要素をふくみ、どこからその特異性を発揮するのか、そしてその特異性が現代哲学の課題を逆照射するということははたしてありうるのか、そんな可能性を考えることも必要なステップになろう。

折りしも、本書を執筆している二〇二〇年現在、ちくま新書より『世界哲学史』シリーズが刊行され、ギリシア由来の西洋哲学こそが普遍的な哲学であるという幻想が終焉した後に、いかなる哲学のあり方が可能なのか、が問いなおされている。その一つの可能性としての「世界哲学」について、山内志朗は次のように述べる。

世界哲学とは、中心が至るところにあって、円周がどこにもない無限大の球のようなものだ。それぞれの哲学が無限性を備え、普遍性には吸収されない特異性を備えている。周縁において世界性を叫ぶことは新しい普遍性になりえないのか。

（山内志朗「普遍と超越への知」『世界哲学史３』ちくま新書、二〇二〇年、三二頁）

インド哲学も仏教哲学も、この「周縁」を形成する知的営為である。悠久の大河ガンジスのほとりで育まれたこの哲学が、西洋哲学とは異なる「特異性」を備えていることは言うまでもない。これまでのインド哲学、仏教学研究はそれぞれに固有の伝統の正体を突き止めるために、精緻な文献学と思想史研究とを主軸として、専門知のコーパスを形成してきた。その重要性は今後も変わることはないだろうが、今、その成果の一部を専門知の壁の向こう側へと送り出すこと、「周縁において世界性を叫ぶこと」が求められている。

本書の小さな叫び声が、仏教哲学の「世界性」を開く一つの扉ともなれば幸いである。

◇目　次◇

序　章　比較思想から見た仏教認識論

仏教認識論は、解脱のための真実智を探究する大乗仏教の思索のなかから生まれた、〈正しい認識手段〉（プラマーナ）をめぐる思想の総体である。「認識論」（epistemology）は本来、知識（エピステーメー）の探究を目指す西洋哲学由来のことばであるが、プラマーナ論の射程には認識の起源や本質、そしてある認識が真であることの条件をめぐる諸問題がおさまることに鑑みて、ここではプラマーナ論を「認識論」として表示する。

この思想を確立したディグナーガ（陳那《じんな》）とその後継者であるダルマキールティ（法称《ほっしょう》）の理解によれば、私たちに正しい認識を与える源泉は、およそ概念的思考の一切を離れたところで成立する純粋知覚か、二項間の必然的関係を前提とする推論か、のいずれかでなければならない。この二つの〈正しい認識手段〉の定義や分類、そしてその適用の仕方を考察することにより、仏教認識論はその長い歴史を通して多彩な議論を醸成してきた。

その一部が東アジア世界にまで伝えられた仏教認識論という知的遺産は、現代の研究者の地道な文献実証的な研究によって、徐々に認知されてきている。だが、サンスクリット語やチベット語の知識なしで翻訳書を手にしたとしても、その正確な理解はおぼつかないだろう。そのため、これまで比較思想の領域では、ナーガールジュナ（龍樹《りゅうじゅ》）の『中論《ちゅうろん》』やヴァスバンドゥ（世親《せしん》）の『唯識《ゆいしき》二十論《にじゅうろん》』などが比較対象とされることはあっても、ディグナーガやダルマキールティの著作が比較の俎上にのぼることは稀であった。

しかし近年、特に英語圏で活躍する研究者により、現代の分析哲学や現象学、あるいは認知科学との対話を通して仏教認識論の価値を再評価する動きが生まれ、状況は大きく変化しようとしている。T・ティレマンズ、G・ドレイファス、M・シデリッツ、J・ダン、D・アーノルド、C・コセルなどの研究者は、西洋哲学の概念や術語を用いてディグナーガやダルマキールティの思想を解説し、分析哲学や現象学をプロパーとする研究者との学際的なシンポジウムやワークショップを開き、さまざまな共同研究を展開している。

ここで読者のなかには、今から千年以上前の、しかも非西洋の思想の一つである仏教認識論をわざわざ現代哲学の土俵にのせて論じることに何の意味があるのか、と疑問をもたれる方もおられるかもしれない。仏教学は仏教学の領分でやるべきことがあるはずであり、なにもわざわざ他分野の領域にまで進出してコラボレーションの可能性を模索する必要などなかろう、というわけである。たしかに、仏教学は古典学の一つであり、写本にもとづく原典批評と歴史的・文化的な文脈に当該の資料を位置づける厳密な文献学の手法で研究が進められるべきことは事実である。文献学的な土台のないところで思想を語ることはできないというのが、これまでの常識であったし、その基本線は今後も蔑《ないがし》ろにされるべきではない。

しかしながら、そのことは、仏教学が古典学の牙城に閉じこもったままでよいことを意味しない。むしろ古典学だからこそ、現代の思想潮流と向き合うべきだし、そうなることへの期待も大きい。例えば、同じく哲学の古典とされるプラトンやアリストテレス、あるいはカントやヘーゲルという哲学者たちの著作は、形而上学や認識論、美学から倫理学まで多様なテーマを扱う現代の分析哲学の潮流において、刺激的なアイデアを与え続ける参照軸として常に読み返され、解釈しなおされている。ならば、ディグナーガやダルマキールティの著作もまた、同じように現代の哲学者たちにアイデアを与える参照軸として読みなおされてもおかしくないのではないか。仏教学の研究者の使命は、自分たちが取り扱うテキストを単なる古典として提示することにあるのではなく、その古典が潜在的にもつ哲学的意義を他領域の研究者に受け取りやすい形で提示することにあるのではないか。現在、英語圏の研究者たちを突き動かしている動機の一つには、このような思いがあるに違いない。

チベット仏教における仏教認識論の展開を研究したジョージ・ドレイファスは次のように述べる。

〔西洋において〕アジアの思想を学ぶ者の使命の一つは、その古典をより広い思想史のなかに統合することにあると思う。その際、西洋にはない思想を提示するときには、〔すでに西洋に紹介された〕他の諸文化の概念と連関し得る術語を用いる必要がある。……このような〔西洋中心的な〕パースペクティブから書かれる哲学史にインド思想を統合することには、ある種のリスクがある。〔西洋から見た〕〈客観的な〉概念をその考察に導入するということは、結果として、復元されるべき原典に対して修復不可能なダメージを与えることになりかねないからである。

それでも西洋の研究者は自分たちのことばで研究するしかないのであり、その結果として考察対象の伝統が変容を蒙ることも予測しておかねばならないのである。今のところこのリスクを避ける手立てはない。現代を特徴づける文化間対話の拡がりのうちに、このリスクは最初から織り込み済みのものだったのである。

(Dreyfus 1997: 11f.)

ドレイファスは、西洋哲学の術語で仏教思想を語ることは、西洋哲学に馴染みのある読者の理解を助けるという利点がある反面、二つの伝統のあいだにある差異が消されることで、仏教思想の固有性が見えにくくなる、という危険性があることを十分に理解している。だが、そのリスクを背負っても、仏教思想を開かれた思想史の文脈に位置づけることが優先されなければならないとするのである。このような考え方の背景には、伝統的な西洋哲学が説く真理の普遍性を批判し、多様な文化や価値への配慮を促す、リチャード・ローティに代表されるネオ・プラグマティズムの運動が想定されるだろう。彼らは、彼ら自身の文化に馴染みの概念を用いて、他文化を理解することの暴力性に自覚的でありながら、そこで継続される対話を通して、自文化のなかに他者の眼差しを取り入れることの方に、より大きな意義を見出している。

文化間対話を指向する大きな潮流は、北米における哲学教育の現場も席捲しつつある。仏教学者のJ・ガーフィールドが、中国哲学の研究者B・ファン・ノーデンとともに二〇一六年五月十六日付けの『ニューヨークタイムズ』に寄稿した、「もし哲学が多様化を望まないのなら、それを本当の名前で呼ぶことにしよう」(If Philosophy Won't Diversify, Let's Call It What It Really Is)という論説では、さまざまな文化的背景をもつ学生が集まる米国の諸大学で、欧米哲学中心のカリキュラムが組まれ、中国哲学やインド哲学、イスラーム哲学など世界の諸思想が教えられていない状況に警鐘が鳴らされている。論説者はこう述べる。

哲学は多様化することで豊かなものになってきた。トマス・アクィナスはイスラム教徒の同僚に倣い、異教の哲学者アリストテレスの著作を読み、哲学の多様化を認めるようになった。それにより、当時の大学の哲学カリキュラムは拡充されたのである。私たちも同じことを望む。いつの日にか、アメリカの大学の哲学科がカントと同じくらい定期的に孔子を教えるようになることを。哲学科の学生たちが『国家』と同じように『バガヴァッド・ギーター』を学ぶ機会を得ることを。アヴィセンナが唱えた「空中浮遊人間」の比喩がヒラリー・パトナムの思考実験、「水槽のなかの脳」と同じように周知されることを。仏教哲学者チャンドラキールティによる「自我」概念に対する批判的考察がデイヴィッド・ヒュームによる考察と同じように学ばれることを。フランツ・ファノン、クワシ・ウィルドゥ、レイムディアー、マリア・ルゴネスの名前が現代の著名な哲学者たちと同じように、学生たちのあいだに浸透することを。だが、その日がくるまでは、欧米の哲学を中心とする哲学科のことを、正直にその通りの名前で〔「哲学ではなく「欧米哲学」の名前で――引用者注〕呼ぶことにしようではないか[1]。

哲学教育の現場が変われば、研究の方向性もおのずと変化していく。その過渡期にあたる今、仏教認識論もまた古典学の枠組みを越えた役割を果たすことが期待されている。

では、具体的にはどのような点に留意しながら、仏教認識論を比較思想の議論において位置づければよいだろうか。本書では、以下の三つの視点に留意しながら仏教認識論を捉えなおすことを試みる。

第一の視点は、術語や概念の翻訳に関わる。およそ仏教認識論に限らず、非西洋の思想を比較思想の土俵にのせるためには、ある程度まで西洋哲学の術語に頼らざるを得ないことをまずは素直に認めておこう。仏教に固有の文脈を重視するあまり、漢訳をそのまま訳語として採用したり、サンスクリット語やチベット語をそのまま音訳するようでは、異文化対話はおぼつかない。しかしながら、西洋哲学の術語を無批判に使用してしまうと思わぬ誤解を招きかねないのも事実である。とりわけ仏教認識論と西洋の経験論とは類似した問題意識を共有しているだけに、ボタンの掛け違いが生じやすい。

本書の第二章では、一例として、仏教認識論に頻出する〈ジュニャーナ〉というサンスクリット語の翻訳を取り上げる。この語は一般には「認識」（cognition）とも「知識」（knowledge）とも訳される。一見すると、両者には大差がないように思われるかもしれない。だが、西洋の認識論に理解があれば、後者には「正当化された真なる信念」という古典的定義が与えられており、この定義をめぐってさまざまな議論が展開されてきたことが想起されるだろう。そのことを踏まえると、「知識」という訳語には問題のあることが見えてくる。

また、本書の第四章で主題とする〈スヴァ・ラクシャナ〉も翻訳に苦心する術語である。これも一般的には「個物」（particulars）と訳されることが多いのだが、宗教的経験もふくむ多様な知覚の対象を包括的に指示するには、「個物」では狭すぎるように思われる。そもそも〈スヴァ・ラクシャナ〉は多義的なことばであり、その一つ一つの意味内容を検証することが先決かもしれない。同じく、第五章で扱う〈アディヤヴァサーヤ〉も難解である。これについては、特にカントの〈構想力〉と対照することで、その独特の機能が浮き彫りになる。ここでは「実体視」という訳語を提示しているが、これには専門家からの異論が出てもおかしくない。しかし、あえてこのような冒険的な訳語を選択したのは、従来の「知覚判断」や「判断」などの訳語では、この語の独特のニュアンスが削ぎ落されることが危惧されるからである。

このようにそれぞれに問題はあるにせよ、またここでの訳語の提案が正しいとは限らないにしても、仏教認識論の一つ一つの術語について、西洋思想の関連術語との比較・対照を重ねて精査してゆくことが、堅実な比較思想の実践である、と私は考える。

第二の視点は、議論や論証のレベルでの比較に関わる。これは第一の視点と重なる点もあり、判然と分けることはできないが、第一の視点よりは広い視点をとるものと理解していただきたい。すなわち、二つの異なる思想体系を比べるとき、両者に類似の概念を扱う議論や論証が見つかったならば、その議論や論証の細部を検討することが次のステップとなる。第一の視点では術語や概念のレベルで分析していたものを、ここではその術語や概念をとりまく関連の議論や論証の方に重点を置いて考察し、それぞれの思想体系の特質を明らかにすることが目的となる。

一例として、本書の第三章では〈形象〉（アーカーラ）という概念に着目し、それが西洋の認識論で問題にされる感覚与件（センスデータ）などの所与をめぐる議論や論証とどのような関係にあるのかを見ていくことになる。

ダルマキールティの分析によれば、私たちの認識は瞬間的に生成・消滅を繰り返している。日常的な知覚の場面では、それぞれの認識は外界対象からの刺激を受けて、その対象の〈形象〉を認識内部に形成することで、その対象を把握する。仏教の知覚論は一種の間接知覚論であり、感覚与件を認める西洋の議論などに類似の構造がそこには見られる。

感覚与件の存在は、「錯覚論法」あるいは「幻覚論法」と呼ばれる論証を通して導かれるが、同様の論証はダルマキールティの議論やその淵源である唯識思想にも見ることができる。これらの論証の妥当性についてはさまざまな批判が投げかけられているが、二つの伝統における知覚論の類似性の方にまずはフォーカスしておきたい。

そのうえで、類似の知覚論をもつ両者の議論の細部に目を向けていくと、特に基礎づけ主義とよばれる考え方の有無をめぐって、両者に違いのあることが浮かび上がる。すなわち、感覚与件を経験的知識の基礎として立てようとした、二十世紀前半の論理実証主義者の見解（基礎づけ主義）に対して、ダルマキールティの知覚論は、感覚与件に相当する〈形象〉を経験的知識の基礎とは見なさない。この相違点がどのような思想的背景から生まれたのかを明らかにするのが、第三章の主題となる。

また、第六章では、〈自己認識〉(スヴァサンヴェーダナ)をめぐる議論に注目する。ディグナーガやダルマキールティは、一瞬間に生じる認識のなかに、その認識を自ら再帰的に捉える自己認識の作用を想定し、あらゆる認識はその志向的対象をもつと同時に、認識それ自体の現れを伴うことを主張する。この考えは、「あらゆる経験は〈意識〉であり、そして、意識は……についての意識である。しかし、あらゆる経験はそれ自体で経験されており、そのかぎりで意識されてもいる」というフッサールの自己意識の考えと親和性がある。そこで、自己認識と自己意識をめぐる両者の議論を比べてみると、仏教認識論と現象学の体系とにおける主観性と自己に関する議論の類似性と相違点とが浮かび上がる。

第三の視点は、哲学と宗教との関係をめぐる二つの伝統の比較に関わる。この視点は、解脱を指向する仏教認識論の根本の性格にも関連し、第一や第二の視点よりさらに広い射程で二つの伝統の文化的背景の差異を見極めるものである。この視点の先には、インド的思考とギリシア的思考との差異という大きな問題が隠されているが、これは現在の筆者の力量を超えた領域にあり、ここで主題的に論じることはできない。ただし、本書のいたるところで、この問題につながる話題を取り上げることになるだろう。

その一つが、瞑想の深まりに応じたリアリティの変容という話題である。

ダルマキールティは知覚の分析を行う際に、外界対象を前提とする日常的な場面を想定しながら議論を進める一方で、究極的には、瑜伽行派《ゆがぎょうは》の伝統に立ち返り、外界対象を否定し、純然たる輝きとしての心の在り方のみを認める立場を目指した。現代の研究者により〈スライドする分析尺度〉〈sliding scale of analysis〉と呼ばれる思考法を通して、外界実在論から瑜伽行派の空の立場まで、自在にその立場を変えながら、ダルマキールティの議論は展開する。

このような複眼的な思考あるいは多元的な思考を支えているのが、瞑想を通した〈変容するリアリティ〉の考え方である。ダルマキールティが描くところでは、私たちの日常的な世界は、あたかも外界対象であるかのように自分たちが習慣的に実体視している対象で構成される。これに対して、瞑想の実践を重ねることは、そのような習慣的に形成されたリアリティを捨てて、ブッダの教説に従うリアリティを新たに重ね描くプロセスである。一般に「悟り」と呼ばれる状態は、しばしばその神秘性ばかりが強調される傾向にあるが、インドの仏教徒が描き出す悟りへのプロセスには、あくまでも日常的な知覚経験からの連続面があることに注意したい。別の言い方をすれば、日常的な経験と宗教的な経験とは断絶することなく、緩やかな変容のグラデーションでつながれているということ、この点をおさえることで、宗教的経験に対する私たちの見方も大きく変わってくるだろう。

宗教的直観を知覚の問題として扱うことで、私たちは自分たちの知覚経験の柔軟性や、しなやかさにあらためて気づくことができるだろう。自分たちが見ている世界はあるがままの世界ではなく、リアリティは伸縮自在、いかようにも変容しうる。このような考えは、わたしたちと世界との硬直的な関係を解体し、新しい視点で、世界や他者との関係を築きなおすきっかけを与えてくれるはずである。

冒頭にも記した通り、現在、英語圏の仏教認識論の研究は比較思想的アプローチから豊かな成果を積み重ねている。彼らの研究をそのまま模倣することが最善であるとは思わないものの、それらは狭い専門の垣根を越えることで見えてくる世界があることを教えてくれている。日本の研究者たちもまた、これまでに積み重ねられてきた文献実証的な研究の豊穣な成果を活かしながら、仏教認識論の研究をより広い領域に開くべき時を迎えているのではないだろうか[2]。

第一章　ダルマキールティと仏教認識論の伝統

ダライ・ラマ十四世の法話のなかでは、ダルマキールティとその著作のことにしばしば言及される。「ダライ・ラマ法王十四世公式ウェブサイト」は、二〇一六年十月にラトビア共和国の首都リガで行われた法話において語られた、ダライ・ラマの次のようなことばを紹介している(1)。

二十世紀のインド学研究者であったロシア人がダルマキールティの学術研究をしたことをきっかけに、ダルマキールティの仏教論理学への貢献が注目されたことを知って、私は大変感銘を受けました。この学者は、ただ自らの研究を紹介しただけだと言っていますが、この研究には非常に強い熱意と意欲が不可欠であることがわかります。また、すぐれたモンゴル人学僧で、デプン僧院ゴマン学堂の僧院長だったロサン・チューダク師は、この『量評釈《りょうひょうしゃく》』に精通していましたが、今ではこのテキストの最初から最後までを説明できる者は誰もいないと言っていました。

この「インド学研究者であったロシア人」とは、フョードル・シチェルバツコイ。二十世紀初頭に大著『仏教論理学』(*Buddhist Logic*)を公刊し、ダルマキールティの『論理の雫』(*Nyāyabindu*)とその註釈の英訳とともに、それまで知られることのなかった仏教認識論・論理学の体系を世に知らしめた碩学である。長らくペテルブルク大学で教鞭をとり、旧ソビエト連邦下のロシア・インド学を牽引した。ダライ・ラマはシチェルバツコイの業績を讃え、リガでの法話のテキストとしてダルマキールティの『認識論評釈』(量評釈 *Pramāṇavārttika*)を選んだ。

このことはまた、チベット仏教の最高指導者にとって、ダルマキールティのテキストがそれだけ馴染みのある仏典であったことを示している。ただし、発言のなかにあるように、そのテキストは難解をきわめ、伝統あるチベット仏教のなかにあっても、そのすべてを説明できる学僧はなかなかいなかったことが知られる。

チベット仏教では、顕教・密教の総合的な学習を基礎としているが、その教理の習得のための教科書として、『倶舎論』や『中論』、『入中論』、『現観荘厳論《げんかんしょうごんろん》』などと並んで、ダルマキールティの『認識論評釈』が挙げられる。ダライ・ラマがこのテキストに通暁しているのは、そのような伝統的な仏教教義の学問が背景にある。(2)

では、ロシアのインド学者を魅了し、チベット仏教でもその名が知られるダルマキールティとはいったい何者なのか。

彼は七世紀、グプタ朝が崩壊した後の時代にインドで活躍した仏教の学僧である。『認識論評釈』、

『認識論決択《けっちゃく》』等の著作を残し、後代のインド哲学および仏教哲学の展開に決定的な影響を与えた。

簡単に言えば、そういう人物だが、彼の登場がインド哲学史においてどれほど重要な位置を占めるのかを理解するためには、それまでの思想史を見ておく必要がある。

第一節　仏教認識論の歴史

ゴータマ・ブッダが説き示した四つの真理（四聖諦《ししょうたい》）の教えには、仏教のエッセンスがまとめられている。中部経典の一つである『大象跡喩経《だいぞうしゃくゆきょう》』では、苦しみの真理（苦諦《くたい》）、苦しみの原因の真理（集諦《じったい》）、苦しみの消滅の真理（滅諦《めったい》）、そして苦しみの消滅のための実践の真理（道諦《どうたい》）がブッダの高弟であるサーリプッタ（舎利弗《しゃりほつ》）のことばで詳細に語られている。当然ながら、サーリプッタのことばは、彼がブッダから教えられた内容であるから、それらはブッダが語ったことと見てよい。

そこで語られることばを読むと、ブッダという人物がいかに細かく人間の感覚や意識の働きに目を向けていた人であったか、そのことをはっきりと知らされる。例えば、誰にしろ他人から悪口を言われ、非難されるとき、怒りや悲しみの感情が湧き、しばしば自分で自分を制御できない気持ちに襲われることがあるだろう。そのようなとき、いかにして自らの心を鎮めるかが課題となる。サーリプッタは、ブッダの教えを次のように語る。


友よ、もしここに比丘《びく》があって、他の人々が彼に毒づき、彼をののしり、彼を非難し、彼をと

> がめることがあっても、彼は次のように考えるのである――わたしの耳があの人たちの声と接触するから、わたしのうえにこの苦しさの感じの受容がおこっている。それがおこったのは何かによってであって、何によることもなくてではない。何によってであるか。心と外界との接触によってである、と。次に彼は、そういう心と外界との接触は無常であると知る。感じの受容も無常であると知る。表象作用も無常であると知る。志向作用も無常であると知る。意識も無常であると知る。そこでいままで外界の対象に向かっていた彼の心は満足し、安らぎ、静止し、定まるのである。
>
> （櫻部建「象の足跡のたとえ」、長尾〔編〕、一九七九、四八〇―四八一頁）

ブッダの教えによれば、私たちは五蘊《ごうん》――色蘊《しきうん》（物質）、受蘊《じゅうん》（苦楽などの感受作用）、想蘊《そううん》（表象作用）、行蘊《ぎょううん》（形成作用、右の翻訳では「志向作用」）、識蘊《しきうん》（認識、意識）――から成る存在であり、それらの要素の一つ一つは無常である。人々は、そのことを間違って捉え、無常なものを永遠に続くかのように錯覚し、苦しみを味わっている。だが、生じていることをありのままに観察すれば、そこにあるのは、「心と外界との接触を原因とする苦の感受」と分析される事態にすぎないことが分かる。その瞬間に起きていることを、いくつかの基本的な要素の関係性として分析してみれば、いかに自分たちが、その基礎的な要素以外の事柄――例えば、「あの人の悪意あることばで私は傷つけられた」、「私があれだけ面倒を見たのに、ひどい言い方ではないか」などの発言に出てくる「自己」やそれに付随する事柄――に過剰な意味を付託し、そのために苦しむ羽目に陥っているのかが見えてくるだろう。

同じ経典では、ブッダが視覚からはじまる五感および意識に対しても繊細な観察を行ったことが知られる。次のような一節である。

友よ、身うちにおいて認識や思考の器官は完全であっても、外界の対象が認識や思考の領域に入ってこず、またそれら対象に向かって注意の注がれることもないならば、そのかぎり、それらに対して一瞬一瞬の認識や思考がおこることはない。友よ、身うちにおいて認識や思考の器官が完全であり、外界の対象が認識や思考の領域に入ってきても、それら対象に向かって注意の注がれることがないならば、そのかぎり、それらに対して一瞬一瞬の認識や思考がおこることはない。友よ、身うちにおいて認識や思考の器官が完全であり、外界の対象が認識や思考の領域に入ってきて、またそれら対象に向かって注意が注がれることがあるならば、それらに対してそのような一瞬一瞬の認識や思考がおこるのである。

（櫻部「象の足跡のたとえ」前掲書、四八六頁）

認識や思考の生起は瞬間的な事象であることを前提としながら、ブッダの分析は、その原因を、一、思考器官に欠陥がないこと、二、外界の対象が認識や思考の領域に入ること、三、外界の対象に向かう注意作用が働いていること、という三条件に求めている。興味深いことに、ブッダは、認識を決して受動的なものではなく、主体の側からの注意作用の働きが不可欠なものと見なしている。つまり、ブッダにとって認識は〈自発性〉と切り離せない。この点は、後にダルマキールティの知覚論を分析する際に、あらためて問題にすることになるだろう。

ブッダが人間の感覚や意識を詳細に観察したことは、そのことばを伝えるパーリ語聖典の随所に確認できる。後代に誕生する仏教認識論の淵源も、このようなブッダの心の分析に遡ることができるだろう。かつてニーチェは、ブッダを指して「偉大な生理学者」と評したことがあるが、正鵠を得ている。まさしくブッダは、人間の身体や精神の機能を事細かく観察し、その不調を除く瞑想の道を人々に処方した医者だったのである。


ブッダが入滅した後、残された弟子たちは、ブッダの教説を体系的に理解するために、その教え（法）を分析し、それぞれの要素（法）をカテゴリーごとに分類し、詳細な解説を加えた。法の分類・研究を行う学問を「アビダルマ」と言い、戒律などの解釈を異にする別々の教団グループ（部派）で、各々の独立した教義体系が築かれた。なかでも、スリランカを拠点とする上座部《じょうざぶ》と、カシミールをはじめとする北インドで隆盛した説一切有部《せついっさいうぶ》の二つが有力な勢力となっていく。

このうち、説一切有部は五位七十五法《ごいしちじゅうごほう》と呼ばれる精緻な法の体系を構築したが、その要点はヴァスバンドゥ（世親、四―五世紀）の『倶舎論《くしゃろん》』にまとめられている。現在では、斎藤明を代表とする研究グループがさまざまな論書に説かれる法の定義や解説を蒐集し、『バウッダ・コーシャ』を編纂しており、その第一巻の『『倶舎論』を中心とした五位七十五法の定義的用例集』（斎藤他、二〇一一）をひもとけば、それぞれの法の定義を簡便に確認できる。

例えば、さきほど見た「大象跡喩経」に登場する認識論の術語「認識や思考の器官」、「認識や思考」に関する定義を拾ってみると次のようになる。

> 思考（manas）――まさにそれら六つ（の認識・意識）のなかで直前に過ぎ去った認識・意識、それが思考である。何であれ直前に滅した認識・意識であるもの、それが思考としての要素と言われる。たとえば、息子であるその同じ彼が他の人にとっての父親であり、果実であるその同じそれが、他のものにとっての種子であるようなものである。
>
> 認識・意識（vijñāna）――認識・意識とは個別的表象作用である。対象ごとに表象すること、すなわち知覚することが、認識・意識の集合と言われる。さらに、それは眼による認識・意識から思考による認識・意識までの、六つの認識・意識の集まりである。
>
> （斎藤明他二〇一一、四二、四七頁）

漢訳であれば「意《い》」と訳される最初の〈マナス〉（manas）は、「思考する」を意味する動詞（man）から派生した名詞である。「意」は「心」（チッタ citta）と「識《しき》」（ヴィジュニャーナ vijñāna）と同義語であるとも言われるが、そこに違いを立てるために有部《うぶ》の思想家は大変な苦労をした。「意」も「識」も同じように「心」であることに違いはないが、前者に後者が依拠するという関係を両者のあいだに認めたのである。両者は「心」である点では同じであるが、前者はさまざまな法を対象とする器官として働き、後者は認識として生じる。それはちょうど、色と視覚器官（眼）とに依拠して、視

〈対象〉	〈器官〉	〈認識〉
色	眼	眼識
声	耳	耳識
香	鼻	鼻識
味	舌	舌識
触	身	身識
法	意	意識

覚的認識（眼識《げんしき》）が生じるのと同じである。

この感覚的認識や意による認識をまとめて〈ヴィジュニャーナ〉（vijñāna）と言うが、編者はそのことを表すために「認識・意識」の訳語をあてたものと思われる。ただし、本書では便宜上「認識」と統一して表現する。これらの認識は、それぞれの対象に応じて区別される。すなわち、色に対しては眼識、音声に対しては耳識《にしき》というように。

また、編者により「表象作用」と訳された原語は〈ヴィジュニャプティ〉（vijñapti）であり、これも翻訳に苦労する術語である。「識別する」（vi-jñā）の使役形「識別せしめる」からの動詞派生名詞であり、「宣言」や「報告」などを意味するが、同様にして、「表象作用」の訳があてられてもよい。すなわち、認識とは、対象のあり方を私たちに知らしめ、その意味で表象作用を本体とするものと言える。

ただし、この訳語に問題がないわけではない。というのも、表象はまた、西洋哲学の文脈では間接知覚論に関連する術語としても使われるからである。その場合、表象（心的表象）は、外的事物からの刺激によって形成される内的な知覚像を意味する。私たちは外的事物を直接的に知覚するのではなく、心的表象を通してあくまでも間接的に知覚する。もし、このような間接知覚論を「表象作用」の訳語から連想する読者がいたとしたら、その読者は有部の知覚論を間接知覚論として誤解してしまう恐れがある。だが、それは具合が悪い。というのも、有部の認識論は一般に「無形象認識論」として知られているからである。この立場では、対象は認識とは独立した存在であり、認識と対象とのあいだには〈接触〉という直接的な関係しかない。したがってそれは、認識と対象とのあいだを心的表象が媒介するという間接知覚論とは区別されなければならない。「表象作用」という訳語は、その文脈では、ミスリーディングになる可能性がある。

ともあれ、このようにしてブッダが語った一つ一つの教えの要素について、その定義と分類を慎重に行い、少しでも定義間の齟齬があれば、定義や解釈の修正を重ねることが、アビダルマ論師たちの課題であった。その作業は、あたかもコンピュータのプログラムを組み、一つ一つのバグを消していくようなもので、気の遠くなる作業であったと思われる。こうした彼らの努力により、緻密な仏教的知の体系化が完成した。

さて、アビダルマ仏教を代表する上記の有部の立場に対して、厳しい批判の矛先を向けた部派もあった。その一つが経量部《きょうりょうぶ》（経部）と呼ばれる部派であり、彼らの考えは後のディグナーガやダルマキールティの存在論・認識論にも大きな影響を及ぼすことになった(3)。

経量部については、加藤純章の『経量部の研究』（春秋社、一九八九年）に詳細にわたってまとめられている。その起源には不明な点が多いものの、漢訳で「譬喩師《ひゆし》」と称されるクマーララータにその先駆的な思想が見られ、その弟子のシュリーラータによりいわゆる経量部的な思想が確立されたようである。シュリーラータの学説は、後代のサンガバドラ（衆賢、五世紀頃）の著作に引用される断片などから確認されるが、その著作そのものは現存しない。また、『ブッダチャリタ』などの作品で知られる仏教詩人アシュヴァゴーシャ（馬鳴）も経量部の思想に通暁していたと言われる。

経量部は有部とさまざまな点で異なる思想を展開したのだが、とくに有名なものとして、有部の三世実有説《さんぜじつうせつ》――あらゆる法の本体は過去・現在・未来の三世にわたって実在する――に対抗して提示された、「存在するものは現在の法だけであり、過去や未来の法は存在しない」という学説がある。この立場は突き詰めると、すべては瞬間ごとに生成・消滅するという刹那滅論《せつなめつろん》に行き着く。

この対立は、認識論の場面では、有部の無形象認識論と経量部の有形象認識論との対立にも反映する。有部は対象と感覚器官、そして認識という三者は同一の現在のなかにふくまれると考える。そして、先述の通り、対象と認識とのあいだには直接的な関係（接触）があるとして、形象（心的表象）の媒介を必要としない無形象認識論を標榜する。一方、経量部は、刹那刹那に時間の異なりを認めるために、対象と感覚器官とが共存する時間（原因）と認識が生じる時間（結果）とを明確に区別する。

だが、そうすると次のような反論に出会う――経量部にとって過去の法は存在しないのだから、認識は存在しない対象を捉えているということになるが、それはウサギの角（インド哲学で非存在対象の例とされるもの）を認識するのとなんの違いもないではないか、と。

このような反論を回避するために、現在の認識とすでに過ぎ去った対象とを媒介する〈形象〉の存在が要請される。すなわち、対象は感覚器官やその他の環境条件などが揃ったときに、自らの形象を認識のなかに投げ与える。認識は、その内部に対象の像（形象）を宿すことで、対象認識としての作用をはたす。このような間接知覚論をインド哲学の文脈では「有形象認識論」と呼ぶ。私たちは、この考え方を展開させたディグナーガやダルマキールティの知覚論の詳細を第三章で確認することになるだろう。

その他、経量部に帰せられる考え方として、有部の範疇論を組み換えた物心二元論や原子の集合体に関する独自の学説、行為（業）の潜在的な力に関する種子説《しゅうじせつ》などが挙げられるが、ここでは扱わない。

ところで、それぞれの部派の教義の体系化が進む紀元一世紀前後には、もう一つの重要な仏教の革新運動も準備されていた。インド西北部では異民族の侵入が繰り返され、クシャーナ朝が誕生したこの頃、大乗仏教が興起する。ガンダーラやマトゥラーで仏像が制作され、文学的な修飾に富むさまざまな大乗経典が生み出された。そこでは、利他行《りたぎょう》に励む菩薩が活躍し、出家の修行者だけでなく、在家の仏教徒にもスポットライトが当てられた。

大乗仏教の教義の根幹には、空《くう》の教えがある。空の教えはとりわけ『般若経《はんにゃきょう》』の類の諸経典で主題的に説かれるが、それは有部が説く法の実在性を真っ向から否定するものであった。空の教えを哲学的に探究したナーガールジュナ（龍樹、二—三世紀）は、『中論頌《ちゅうろんじゅ》』を著し、空の教えを縁起の教えと結びつけた。彼はまた、世俗の真実在と勝義の真実在との二種の真実在（二諦《にたい》）を説き、ことばや表現を超えた勝義の真実在を体得するためには、世俗の真実在に依拠するほかないことを明らかにした。世俗の真実在は、言語表現に関わる真実在であり、最終的には否定されるものの、勝義の真実在を体得するまでの手立てとして、なくてはならないものである。仏教徒たちはブッダのことばを頼りにして実践を行うのであり、「すべては空である」ことも、その言語表現（教説）がなければ伝わらない。

この二諦の考え方は、仏教に特有の多元的思考、あるいは複眼的思考とつながっていく。仏教の修行者たちは、まずは粗いスケールで世界や自己を捉えるところからはじめ、徐々に、微細なスケールで世界や自己の実相を知ることができるようになる。後代の仏教徒たちは、究極的真実在や世俗的真実在にも、さらに階層があることを認め、瞑想の高まりとともに見える世界が変化してゆくことを明らかにした。

ナーガールジュナの教えに従う者たちは後代、「中観派《ちゅうがんは》」と呼ばれるが、同じく『般若経』の空の教えに準拠しながら、「この世界のすべての事象は認識が変容して顕現したものにすぎない」とするテーゼを打ち出したのが、「瑜伽行派《ゆがぎょうは》」あるいは「唯識派《ゆいしきは》」と呼ばれる学派である。この学派の教義は『瑜伽師地論《ゆがしじろん》』に説かれるが、その体系化はアサンガ（無著、四世紀）とヴァスバンドゥ（世親、五世紀）により果たされた。

先に見た経量部の場合には、外界に原子から成る世界を認めるが、瑜伽行派は原子論批判を通して外界の存在を否定する。また、私たちが「自己」と考えている認識や行為の主体もまた、同様に心が生み出したものである。こうして自己も世界もともに、心の変容によって生み出された虚構の存在であると説かれる一方で、その根本にある心はたしかに存在するとされる。

その根本の心を、瑜伽行派は「アーラヤ識」と呼ぶ。アーラヤ識が変容することで、マナ識と呼ばれる自我意識が生まれ、また五感と意識という日常的な認識作用が生まれる。アーラヤ識はまた、私たちの環境世界（器世間《きせけん》）と身体も作り出す。つまり、私たちは自分たちのアーラヤ識が見せている夢のなかに、仮想現実のなかに生きている。

私たちの世界は本当は夢ではないのか。映画『マトリックス』が描いたような、コンピュータが生み出す仮想現実ではないのか。――懐疑論者がしばしば言及する思考実験のような世界観が、ヨーガの実践を経て瑜伽行派がたどり着いた世界の実相である。彼らは心の真実を見つめることで、自分たちにあたかも「有る」かのようにして現れているものも、その実は、心の仮構であり、真実には「無い」のだと気づいた。それはあたかもティミラ眼病（飛蚊症《ひぶんしょう》）を患う者に、ありもしない髪の毛などの幻影が見えているようなものである、と。

ここで注意すべきは、彼らの考えは経量部と同じ有形象認識論の立場をとる、ということである。いずれも認識に現れる形象こそが、私たちが直接的にアクセスできる対象であると考える点では共通する。ただし、経量部の場合には、その形象の原因として外界の対象を想定するわけだが、瑜伽行派の場合には認識内部の潜在印象にその原因を求める点に違いがある。

瑜伽行派の仏教徒は、自己と世界の事象に対する執着を取り除くために、唯識的な世界観を正しく理解し、幾重もの瞑想の段階を経て無分別知――概念的思考を離れた直観――の獲得を目指す。この実践は、煩悩という障害（煩悩障《ぼんのうしょう》）と認識対象に関する障害（所知障《しょちしょう》）を取り除き、悟りと一切智《いっさいち》を手に入れるプロセスでもある。瑜伽行派が説く唯識的世界はそれだけを聞くと、いかにも荒唐無稽な話に聞こえるかもしれない。だがそれは、世界の隅々までもこの私の心と無関係なものはないと見なすことで、自己の変革と世界の変革とが直接的にリンクしていることを教えることにポイントがある、という点を忘れるべきではない。

この瑜伽行派の伝統のなかから仏教認識論が生まれた。その根本聖典である『瑜伽師地論』には討論術について詳細に解き明かす箇所があり、後の仏教認識論の主題となる〈正しい認識手段〉（プラマーナ）に関する記述も見られる。また、アサンガやヴァスバンドゥの著作にも討論や正しい認識手段についての記述がある。しかし、それらの先駆的な思想を踏まえて、仏教認識論の体系を築いた功績は、ディグナーガ（陳那、四八〇―五四〇頃）に帰せられるべきである。(4) ディグナーガは南インドのバラモンの家系に生まれ、犢子部《とくしぶ》の師について仏教徒となったと伝えられる。しかし、プドガラと呼ばれる人格主体を認めるこの学派の教義に否定的であった彼は、そこから離れ、ヴァスバンドゥの下で唯識の教義を学び、唯識および仏教認識論の著作を残した。

唯識の分野では、『観所縁論《かんしょえんろん》』が著名である。そこでは、認識対象（所縁《しょえん》）に関して、外界実在論者が立てる原子や、その集合体が認識対象であるという諸説を否定し、認識内部の対象があたかも外界の対象であるかのように顕現しているだけであるという定説が示される。

一方、仏教認識論に関しては、義浄《ぎじょう》の報告により『因門論《いんもんろん》』『似因門論《じいんもんろん》』の著作があったことも知られているが、現存するものは『認識論集成』（集量論《じゅりょうろん》 *Pramāṇasamuccaya*）と『正理門論《しょうりもんろん》』（*Nyāyamukha*）の二つである。ただし現存するといっても、前者はチベット語訳のみ、後者は漢訳のみであり、いずれもサンスクリット語原典は散逸している。

『認識論集成』は、「知覚」「自己のための推理」「他者のための推理」「実例と擬似的実例」「アポーハ」「誤った論難」の六章から成る。ディグナーガは、当時のインドにおける認識論・論理学の学説を批判的に検討し、他学派が定義する知覚や推理の考え方には欠点があること、のみならず、師匠筋にあたるヴァスバンドゥの見解すら十分とは言えないことを論じ、これこそが仏教の認めるべき知覚や推理の定義であるという決定的な定義づけを行った。

知覚の部門で言えば、「知覚とは概念的思考を離れたものである」という定義を与えることで、その純粋直観性を強調し、それと対比される概念的思考との違いを鮮明にした。

推理では、自身が反省的に思考する形での「自己のための推理」と、それを相手に対してことばを使って開示してゆく「他者のための推理」とが分けられる。ディグナーガは、推理において、論証される事柄とそれを立証するための根拠とを示すにあたり、形式的な妥当性がなければならないことを見抜き、「妥当な論証因のための三条件」（因《いん》の三相《さんぞう》）を定式化した。

また、他者のための推理とも共通する、ことばの働きを厳密に分析しつつ、仏教徒にとってことばの意味とはアポーハ（他者の排除）であると説いた。これは、意味のネットワークにおける他項目との差異に語の意味を認める考え方である。

その他、彼の独創に帰せられるべき考えはいくつもあるが、ここまでで十分に明らかになったであろうように、彼の革新的な思想により、仏教認識論の礎が築かれたことは間違いない。そして、一世紀の時が過ぎ、彼の思想をさらに展開させた思想家が現れる。それがダルマキールティである。

第二節　ダルマキールティの生涯と著作

ダルマキールティの活躍年代については、従来六〇〇―六六〇年頃とする説が有力であったが、六世紀まで遡らせる説もある。この時代、繁栄を誇ったグプタ朝（三二〇―五五〇年頃）が崩壊し、仏教教団をめぐる状況は大きく様変わりしようとしていた。それまで教団を保護していた勢力が後退し、仏教徒たちは新たなパトロンを必要としていた。当時はまた、バラモン教諸派から仏教への批判もますます過熱化していた時代でもあり、仏教徒たちは、他学派に対する反撃の礎を求めていた。ダルマキールティに課せられた使命は、それがいかに護教論的な装いを帯びることになろうとも、仏教固有の存在論に根ざした認識論・論理学を整備し、仏教教義の優位を他学派に知らしめることであった。(5)

では、ダルマキールティの生涯はどのようなものだったのであろうか。

古代インドの多くの哲学者たちの生涯がそうであるように、ダルマキールティの生涯についても、その詳細を伝える信頼できる資料は乏しい。手がかりとなるのは、『伝記』の類となるわけだが、チベット人の学僧たちが著した『仏教史』などの記述には想像の産物のような内容もふくまれるため、その記述のどこまでを史実として扱うべきかは判然としない。とは言え、関連テキストの記述を比較することで、先行研究は次のようなダルマキールティ像を描き出してきた。

ダルマキールティは、南インドのチューダーマニの地に生を享けた。彼の家系はバラモンに属していたため、幼少時には、ヴェーダ聖典や文法学をはじめとして、バラモンとして当然身につけるべき素養を修めていたはずである。しかし、その後、彼は仏教徒へ改宗する。

当時のインドでヴァラビーの僧院（現在のグジャラート州）と並ぶ仏教の学問センターとなっていたのが、ナーランダーの僧院（現在のビハール州）であった。ダルマキールティはナーランダーの僧院において、瑜伽行派の学匠ダルマパーラのもとで仏教学の研鑽に努め、ディグナーガの弟子イーシュヴァラ・セーナについて仏教認識論・論理学を学んだとされる。そして、ディグナーガの主著である『認識論集成』に対する註釈書を著述する。ダルマキールティの名声を轟かせることになる『認識論評釈』がそれである。

この著作をめぐっては、一つの逸話が伝えられている。当時、バラモン教にあってヴェーダ聖典の解釈学をきわめたクマーリラの影響力は絶大であった。ダルマキールティはこの論敵の思想の奥義を知るために、彼に奴隷として仕え、彼の妻を通して、その奥義を盗み聞きしたと言われている。スパイ映画のような話であるが、両者のテキストを比較してみると、たしかにダルマキールティがクマーリラを意識して著述したであろう箇所が散見され、この逸話にも一片の真実の潜むことが知られる。

さて、こうして誕生した『認識論評釈』であるが、その内容はきわめて難解であり、彼の周辺でその真意を正しく理解できる者はいなかったようである。ダルマキールティ自身、そのことを嘆いた詩節が後世に伝えられている。後に、インド仏教史上において最大の影響力を発揮した著作も、そのはじまりにおいて世間の評価を得ることはなかった。

ダルマキールティはその後、『認識論決択《けっちゃく》』をはじめとする著述を重ね、自らの思索を深めていった。伝記が語るところによれば、彼はバラモン教の対論者たちと論争を重ね、また一方では、各地に僧院や寺院を建立することに努めて、その生涯を閉じたと言う。

次に、ダルマキールティの認識論・論理学関係の著作七部（*Tshad ma sde bdun*）を概観する。(6)

『認識論評釈』（*Pramāṇavārttika*）

ディグナーガの『認識論集成』に対する註釈でありながらも、全篇にわたり、ダルマキールティ独自の思想が展開されている。

第一章「自己のための推理」章は自註もあり、その主題としては、推論の基盤となるものは何か、その原理論が開陳されるとともに、言語理論の核心となるアポーハ論や聖典論、またミーマーンサー学派のヴェーダ常住論に対する詳細な批判などが論じられる。

第二章「プラマーナの確立」章は、『認識論集成』帰敬偈《ききょうげ》に対する広汎な註釈であり、詩節のみから成る。正しい認識手段の定義、主宰神批判、ブッダの権威性の証明、そして四聖諦の解説など、宗教的テーマが多方面にわたって展開される。

第三章「知覚」章は、正しい認識手段の一つである知覚に関して、前半でその定義・分類が詳述され、後半部分では自己認識の理論をめぐる詳細な論述が展開される。この章では、経量部的な外界実在論から外界を認めない唯識の立場まで、存在論に関して複数の視点が取られている点が注目される。

第四章「他者のための推理」章は、『認識論集成』第三章に対する註釈なのだが、その途中で擱筆されている。実際の推論の形成において必要となる、主張の定義とその解釈、理由の定義とその解釈などが述べられる。

本作品はサンスクリット語原典が存在し、第一章と自註の校訂テキスト、全章にわたる詩節の校訂テキストが公刊されている。

『認識論決択』（*Pramāṇaviniścaya*）

『認識論評釈』がディグナーガの『認識論集成』に対する註釈であったのに対して、『認識論決択』はダルマキールティが自らの思想を展開した独立作品である。「知覚」「自己のための推理」「他者のための推理」の三つの章で構成される。『認識論評釈』からそのまま詩節が引用され、またその内容を散文にあらためたりする箇所のほか、この作品で新たに展開される主題もふくまれる。例えば、知覚の定義を「概念的思考を離れたもの」とする、ディグナーガ説を踏襲していた『認識論評釈』とは異なり、ここでは「錯誤のないもの」という新たな定義が加えられる。また、「知覚」章の末尾では、世俗の認識手段と勝義《しょうぎ》の認識手段（究極的な認識手段）の関係についても言及がある。近年、サンスクリット語原典が発見され、その校訂テキストが出版された。これにより、本作品に対する研究の一層の進展が期待される。

『論理の雫《しずく》』（*Nyāyabindu*）

『認識論決定』の内容を、初学者にも分かるように、そのエッセンス（雫）のみを要約して著述されたもの。サンスクリット語原典が早くから知られていたこともあり、多数の研究が蓄積されている。

『理由の雫』（*Hetubindu*）

ダルマキールティの論理学では、推論における正しい理由（証因）は、論証対象と必然的な関係を結ぶものでなければならない。そのような理由は〈自性因《じしょういん》〉〈結果因〉〈非知覚因〉の三種類に分類される。『理由の雫』は小品ながら、三種の理由に関するダルマキールティの思惟の真髄をおさめた重要な作品である。ここでは、存在論の要になる因果論についても詳細な議論が行われている。また、最終部では、師匠であるイーシュヴァラ・セーナが唱えた因《いん》の六相説《ろくそうせつ》が批判される。ウィーン大学の碩学エルンスト・シュタインケルナーが、チベット語訳と註釈資料・周辺資料から、その原型を復元し、詳細な内容分析を公刊したことで脚光を浴びた作品である。最近、そのサンスクリット語写本が発見され、シュタインケルナーによる校訂テキストが公刊されている。

『関係の考察』（*Sambandhaparīkṣā*）

二十五の詩節において、因果関係や内属関係など、さまざまな関係概念が否定される。ダルマキールティによれば、二項間の関係というものは実在せず、それはただ概念知により仮構されたものにすぎない。詩節の部分のサンスクリット語は、ジャイナ教の哲学書による引用から回収される。ダルマキールティの自註はチベット語訳で残されている。

『他相続《たそうぞく》の証明』（*Santānāntarasiddhi*）

他我問題は古来、さまざまな哲学で論じられてきた。はたして他者の心はどのようにして知られるのか。他者の心は存在するのか。ダルマキールティが『他相続の証明』で取り組んだテーマも、この他我問題であった。他者の心は、――自分自身の心とその結果としての行為との関係から類推的に――他者の表面に現れることばや身体行為から推論される。この推論をめぐる外界実在論者と唯識論者との対論、および、仏教の伝統で説かれる「他心智《たしんち》」という直観についての分析が作品の主題となる。本作はチベット語訳でのみ現存するが、近年、サンスクリット語断片の存在も報告されている。

『論争の規則』（*Vādanyāya*）

ダルマキールティの最後の著作である本作品では、仏教とニヤーヤ学派が定める「討論における敗北の条件」の差異が問題とされる。自説を説く前半部と、ニヤーヤ学派を論駁する後半部とから成る。また、この作品の前半部分には、ダルマキールティが一貫して追究してきた刹那滅論証に関する最終的な到達点も示されている。サンスクリット語原典が残る。

第三節　ダルマキールティ以降の展開

ダルマキールティが確立した仏教認識論・論理学の体系は、その後のインド・チベット仏教に大きな影響を及ぼした。ここでは、チベット仏教における影響には触れず、インド仏教内部において、彼の後継者たちがどのような活躍をしたのかをまとめておこう(7)。

デーヴェーンドラブッディ、シャーキャブッディ、カルナカゴーミン

ダルマキールティの直弟子とされるデーヴェーンドラブッディは、『認識論評釈』第二章から第四章までに対して『難語釈《なんごしゃく》』（*Pañjikā*）を著した。デーヴェンドラブッディは、ダルマキールティの詩節を解釈するにあたり、数多くの推論式を提示して、その記述内容をダルマキールティから学んだ論理学の知識をもって理解しようと努めている。

デーヴェーンドラブッディの弟子がシャーキャブッディである。彼は、『認識論評釈註』を著した。この註釈は、ダルマキールティの『認識論評釈』第一章自註に対する複註であり、またデーヴェンドラブッディの『難語釈』に対する複註でもある。一部、サンスクリット語テキストの断片が発見されている。

『認識論評釈』第一章のダルマキールティによる自註に対するシャーキャブッディの註釈と内容

的には重なるものでありながら、サンスクリット語原典が残されているものが、カルナカゴーミンの第一章自註に対する複註である。ダルマキールティの自註は難解であるため、この複註の参照は不可欠である。

ダルモーッタラ

八世紀にナーラーンダー僧院で活躍した思想家であり、ダルマキールティの思想をそのまま受継ぐのではなく、独自のアレンジを加えた作品を残した。とりわけ、『論理の雫』に対する註釈は、早くからそのサンスクリット語原典が知られていたこともあり、これまで多くの研究が重ねられてきた。その論述が明解であるために、彼の解釈こそがダルマキールティ理解のための最善の道であるかのように誤解されてきた部分もあるが、近年の研究は、ダルモーッタラの独自性がどこにあるのかを明瞭にしようとしている。主著は『認識論決択註』であり、近年、このサンスクリット語原典が部分的に発見されている。また、『真理の証明大篇』『真理の証明小篇』『アポーハの証明』『他世の証明』『刹那滅の証明』といったトピックごとの独立作品もある。その認識論の立場は、無相《むそう》唯識説《ゆいしきせつ》とされ、後代のラトナーカラシャーンティに影響を与えたと考えられる。

プラジュニャーカラグプタ

ダルモーッタラと対立する見解を随所に示しながら、ダルマキールティの『認識論評釈』に対する浩瀚な註釈書『認識論評釈荘厳《しょうごん》』（*Pramāṇavārttikālaṅkāra*）を著したことで知られるのが、プラジュニャーカラグプタである。彼は『認識論評釈』の第二章から第四章までに註釈を施した。そこには、未来原因説や〈知覚＝存在〉説など、ユニークな学説がふくまれる。その認識論の立場は、有相唯識説《うそうゆいしきせつ》とされる。

シャーンタラクシタ・カマラシーラ師弟

ダルマキールティの認識論・論理学は、瑜伽行派だけでなく、中観派《ちゅうがんは》の論師たちにも影響を与えた。チベットに仏教の法灯を伝えるための最初の一歩を踏み出したシャーンタラクシタとカマラシーラ師弟は、ナーガールジュナの教えを第一として仰ぐ中観派の系譜に数えられる。その彼らが一切空を論証するために依拠した考えが、ダルマキールティの認識論と論理学であった。シャーンタラクシタの『中観荘厳論《ちゅうがんしょうごんろん》』やカマラシーラの『中観光明論《ちゅうがんこうみょうろん》』の理解のためには、ダルマキールティの論理学説への参照が必要不可欠である。また、シャーンタラクシタの『真実綱要』とカマラシーラの『難語釈』では、知覚や推理をはじめとする認識手段の分析にあてられた各章がある。

ラトナーカラシャーンティ、ジュニャーナシュリーミトラ、ラトナキールティ

インドの仏教は一二〇三年、イスラームの軍隊によるヴィクラマシーラ大僧院の破壊によって終焉を迎える。その最後の時期に、大僧院で活躍していた思想家が、ラトナーカラシャーンティ、ジュニャーナシュリーミトラ、そしてその弟子ラトナキールティである。前二者は、ヴィクラマシーラ大僧院の六門を守護する六賢門のうちに数えられる。

ラトナーカラシャーンティは、無相唯識派の系譜に属し、『内遍充論《ないへんじゅうろん》』を著した。その立場に反対したのが、ジュニャーナシュリーミトラである。彼の立場は有相唯識派であり、その著作、『有相証明』（*Sākārasiddhi*）の冒頭では、プラジュニャーカラグプタから大きな影響を受けたことが明言されている。ジュニャーナシュリーミトラの著作は、インド仏教のテキストのなかでもとりわけ難解なものと言われる。そのために、十分なテキスト校訂・翻訳研究が進んでいない。現時点では、師匠の学説を要領よくまとめたラトナキールティの著作から、まずは理解してかからなければならない。

第四節　仏教認識論研究の先駆者たち

インド思想研究が本格的にはじめられたのは、十八世紀後半、カルカッタに赴任した判事であるウィリアム・ジョーンズ（一七四六―九四年）が、その卓越した言語的才能で、サンスクリット語を習得し、ラテン語・ギリシア語などに比すべき、類似の構造を明らかにしてからのことである。続く十九世紀は、『バガヴァッド・ギーター』などの宗教聖典の研究（フンボルト）、インド哲学諸体系の研究（コールブルック）、インド仏教史の構築（ビュルヌフ）などの基礎的研究が進められた時期にあたる。歴史的には、インドに対する植民地支配の進行とともに、インド思想研究は大きく開花した。

そして、二十世紀が幕を開ける。それまでは『ヴェーダ』や『ウパニシャッド』などの宗教的文献に向けられていた研究者の目が、ようやく仏教認識論・論理学という分野に向けられるようになった。なかでも仏教認識論の研究において先駆的な役割を担ったのが、以下に紹介する、ロシア（ソビエト連邦）、インド、オーストリア、日本のインド学の巨匠たちであった。

最初に、本章の冒頭で紹介したダライ・ラマ十四世も言及していたシチェルバツコイの紹介からはじめよう。

フョードル＝イポリトビチ・シチェルバツコイ（Fjodor Ippolitvič Ščjerbackoj, 一八六六―一九四二年）

インドのネルー首相をして「この分野の権威」と言わしめ、ノーベル文学賞受賞者タゴールとも久しく文通していたシチェルバツコイは、インド詩学・論理学、チベット・モンゴル仏教研究など幅広い分野で功績を残した人物である(8)。

一八八四年、ペテルブルク大学の歴史学・文献学学部に入学した彼は、偉大な仏教学者オルデンベルクと出会い、インド文化と比較言語学の世界に魅かれてゆく。その後、論理実証主義の熱気に包まれていたウィーンに留学し、インド学の大家であったゲオルク・ビューラーのもとでインド詩学の研究を開始。一八八九年、インドの神学・哲学研究で名を馳せたボン大学のヘルマン・ヤコービ教授のもとを訪ね、本格的にインド哲学の研究をはじめる。帰国後、ペテルブルク大学で教鞭をとるようになった彼の学位論文は、ダルマキールティの『論理の雫』とダルモーッタラ註のロシア語訳（一九〇三年）を合わせた仏教認識論・論理学の研究（一九〇九年）であった。この研究が礎となり、二十年あまり後に、大著『仏教論理学』（*Buddhist Logic,* 一九三〇―三二年）に結実する。その後の仏教論理学研究の道標となったこの著作の序文で、彼は次のように述べている。

「実証的な哲学は、ただ西欧にだけ見られる」という広く流布した偏見がある。また、アリストテレスの論理学こそが最終的なものであり、後にも先にもそれ以上のものはないというのも、一つの偏見である。この二番目の偏見は今や終焉を迎えつつある。未来の論理学の行く末についてはまだ定見がないにせよ、現在の論理学に対する不満は共有されている。私たちはその改革の時代にいる。そのような時に西洋の伝統から独立して、ディグナーガとダルマキールティが認識論・論理学の諸問題に立ち向かった別の方法のことを考えてみることにはそれなりの意義があるだろう。この二つの論理学を比較する哲学者がいれば、彼はすぐさま気がつくにちがいない。人間の心というものは、物事の真偽を扱いはじめるやいなや、いくつかの決まった問題に自然に遭遇するということに。それらは、判断、推理、三段論法の本質とは何かという問題であり、カテゴリーと関係性についての問題であり、構文的・分析的な判断の問題であり、無限ならびに無限分割可能性の問題であり、また、二律背反と人間理解の弁証法的構造の問題である。異言語で書かれていたとしても、自分たちに馴染みのものが別様に扱われ、別様に書き換えられ、その体系のなかでは別様に位置づけられ、まったく別の文脈に置かれているにすぎないことを、その哲学者は見抜くにちがいない。もしも彼がサンスクリット語の構文に精通していたら、インド思想の概念を西欧のことばで解釈するだけではなく、逆の操作をして、西欧の諸概念をインドの術語で解釈してみたいと思うようになるだろう。（Stcherbatsky 1930: xii）

シチェルバツコイは、ディグナーガやダルマキールティの認識論・論理学がアリストテレス以来の西洋哲学と類似の概念を扱い、その両者には言語の壁を越えて、交流しうる余地があることに注意を促している。サンスクリット語で書かれた論理学的概念をどのような西欧語に翻訳すべきかだけでなく、ギリシア語等で言われる論理学の概念をどのようなサンスクリット語で表現し、解釈することができるのか、という逆のパターンも考えられている点は興味深い。

その両者を自由に往来する知性が育つことを願い、シチェルバツコイは弟子の育成にも尽力した。なかでもアビダルマ仏教の研究者O・ローゼンベルク（一八八八—一九一九年）とチベット仏教およびモンゴル仏教の研究者E・オーバーミラー（一九〇一—三五年）は双璧をなす。この二人の天才はしかし、師の衣鉢を継ぐことなく、あまりにも早くこの世を去った。もしもこの二人がもう少し長く生きていれば、その後のインド学・仏教学の状況は今とはまるで違うものになっていたに違いない。

ソビエト連邦（ロシア）のインド学は、シチェルバツコイという稀代の仏教学者が逝去した後、急速にその求心力を失っていく。代わりに、彼の影響はその著作を通してヨーロッパの他の地域に波及していった。そして、その流れはやがて文献実証的なインド哲学・仏教学研究を生み出すことになり、皮肉にもその新たな潮流において、シチェルバツコイのダルマキールティ研究は哲学的な解釈のために原典の意図を歪めたものと批判されることになるのである。

だが、その話に移るまえに、インドに生まれた一人の冒険家が文献実証的研究の礎石を築いた物語を見ておかねばならない。

ラーフラ・サーンクリティヤーヤナ（Rāhula Sāṅkṛtyāyana，一八九三―一九六三年）

二十世紀の初頭まで、ダルマキールティの著作のサンスクリット語原典は、インドのジャイナ教寺院に保管されていた『論理の雫』を除くと、ほぼ散逸したものと思われていた。その思想にアクセスするためにはチベット語訳に頼るしかない、これが当時の常識であった。しかし、いかに卓越したチベット語の翻訳があるにせよ、サンスクリット語原典なしでは、議論の細部を完全に理解することは困難をきわめた。

このような状況のなか、一人のインド人の学僧が、単身、チベット調査旅行を行い、失われたと思われていたダルマキールティの著作のサンスクリット語原典を発見する。この学僧ラーフラ・サーンクリティヤーヤナこそ、二十世紀後半の仏教認識論研究に新たな息吹を吹き込んだ人物である。

サーンクリティヤーヤナは、東部ウッタル・プラデーシュ州の小さな村のヒンドゥー教バラモンの家系に生まれた。幼い頃に両親を亡くし、祖父に預けられた彼は、小学校教育しか受けていない。そのような境遇にもかかわらず、世界を知りたいという願望を胸に、独力でさまざまな言語を習得し、その生涯を旅に捧げた。インドで彼の名声は、偉大な冒険家・旅行家として轟いている。七十歳で没するまでの生涯のうち、実に四十五年間は旅の空の下だった。

サーンクリティヤーヤナは実に多彩な顔をもつ。ヒンドゥー教ヴィシュヌ派の修行僧、仏教僧、マルクス主義者、小説家。そして、ガンディーとともに大英帝国によるインド支配に抗し、投獄された経験をもつ国家主義者……。その活躍はゆうに一本の映画に値するだろう。以下に取り上げるのは、そのわずか一面にすぎないが、彼が残した最も重要な業績の一つに違いない。

周知のように、インドでは一二〇三年に仏教が滅亡した。その後、インドが独立した後にアンベードカルに率いられた不可触民《ふかしょくみん》が一斉に仏教徒に改宗するのが一九五六年のこと。サーンクリティヤーヤナはそれより三十年ほど前に、仏教僧として、失われた仏典のサンスクリット語原典を探すために、単身、鎖国状態にあった秘境チベットへの調査旅行に旅立った。調査旅行は、一九二九―三〇年、三四年、三六年、三八年の四度行われたことが記録されている。とりわけ重要な発見は、その第二回、第三回の調査旅行で相次いだ(9)。

チベット仏教のサキャ僧院、シャル僧院などを訪問した彼は、その写本堂に、当時の僧院の人々からもはや見向きもされず、放置されたまま眠る膨大な数の貝葉写本《ばいようしゃほん》を発見した。八世紀、チベットにインド仏教が伝来して以降、インド仏教の知識は口伝で、あるいは翻訳の形でチベットへと伝えられた。サキャ僧院は、その翻訳の中心地の一つであり、他の僧院が火災等で焼失するなか、インド伝来の写本群を無事に保管していた貴重な場所であった。ただ、当時のチベット人たちにはその価値はもはや認識されておらず、功徳あるアイテムとして、時に寄進者への返礼として与えられたりもされていたようであり、一部に欠損が生じていた。サーンクリティヤーヤナはこの幸運に感謝しつつ、そのうちの特に重要と思われる写本群の写真撮影や書写を行い、インド（ビハール東洋学図書館）へ請来したのである。

玄奘三蔵が中国からインドへと原典を求める旅をしたのが七世紀の頃。それから千三百年あまりの歳月が過ぎて、今度はインドの学僧がチベットへと原典を求めて旅をした。いずれの旅も、その後の仏教に巨大なインパクトを与えたことでは共通している。

帰国したサーンクリティヤーヤナは、それらの写本にもとづくテキスト校訂に精力的に取り組んだ。そのうちダルマキールティの著作に関する業績だけを並べてみても、その圧倒的な仕事量に驚嘆せざるをえない。

『論争の規則』（シャーンタラクシタ註をふくむ）出版、一九三五―三六年
『認識論評釈（詩節）』出版、一九三八年
『認識論評釈註』（マノーラタナンディン註）出版、一九三八―四〇年
『認識論評釈』第一章自註の出版、一九四三年
『認識論評釈荘厳』（*Pramāṇavārttikālaṅkāra*）出版、一九五三年

これに加えて、彼が請来したサンスクリット語原典にもとづいて、他の学者が校訂出版したテキストとして、次の二点がある。

『理由の雫註』（*Hetubinduṭīkā*, eds. by Sukhlalji Sanghavi and Muni Shri Jinavijayaji）一九四九年
『論理の雫註』（*Nyāyabinduṭīkā*, ed. by Dalsukhbhai Malvania）一九五五年

ここに列記したテキスト群は、ダルマキールティ研究を一九六〇年代以降に加速させることになった重要な原典資料である。サーンクリティヤーヤナの業績こそ、仏教認識論研究のパラダイムを転換させる一大事件であった。

エーリッヒ・フラウワルナー（Erich Frauwallner, 一八九八―一九七四年）と
エルンスト・シュタインケルナー（Ernst Steinkellner, 一九三七― 年）

公刊された仏教認識論のテキスト群に対して、文献実証的な立場から研究を遂行したのが、ウィーン大学で教鞭をとったエーリッヒ・フラウワルナーである。その年代からも明らかなように、彼は二度の世界大戦を経て複雑な歴史的環境にあったウィーンにおいてインド哲学研究に身を投じた。フラウワルナーの研究手法は、徹底した文献実証主義にもとづいている。当該のテキストをその周辺資料から丁寧に読み解き、そこから導かれる最も合理的な思想史の素描を行うこと。そこで求められるのは、そのテキストが存在した思想史的・文化的背景を正確に反映した解釈であり、西洋哲学などの他の文化圏の思想に依拠した解釈ではない。そうした厳密な文献学の理想からは、シチェルバツコイの業績は批判されるべき対象であった。

フラウワルナーの主著である『インド哲学史』（*Geschichte der indischen Philosophie*, 一九五三／一九五六年）と『仏教哲学』（*Philosophie des Buddhismus*, 一九五六年）には、厳密な文献学的考察の結果が反映されている。ブッダのことばから中観派・唯識派の論師たちの著作まで、さまざまな仏典の紹介と翻訳をおさめた『仏教哲学』の序文には、彼の研究スタイルを反映する次のことばがある。

翻訳というものは、その原典の内容を、その言語を知らない読者に対しても、できるだけ忠実に伝えるものでなければならない。原典が厳かで冗長であれば、翻訳もまた厳かで冗長であってよい。原典が難解であいまいであれば、翻訳だけが明晰さを装うわけにはいかない。そうでなければ、それはもはや翻訳ではなく、改作になってしまうのだ。著者が明らかに論理的な過失を犯している場合でも、翻訳者はそれをそのままにしておかねばならない。それらの誤りを指摘したり、説明したりするのは解説でやるべきことである。

哲学的な術語を翻訳する際の問題については、私は次のように考えている。ギリシア・ローマの古代哲学の場合とは異なり、ごく少数の人にしか馴染みのない言語〔サンスクリット語やチベット語――引用者註〕に関しては、言語をそのままにしておくことはできない。だから私は、括弧のなかに原語を挿入することはあっても、基本的には読者がそれを誤解したり、不明な点を残さないような翻訳を心がけた。その際に、同じ原語に対しては同じ訳語で一貫するように努めた。ここでもまた、翻訳と解説とを区別した。結局のところ、ある一つの哲学体系に通暁したインド人もまた、さまざまな表現でその術語の意味に接していくしかない。したがって、私は訳語を選ぶ際には、できるだけインド人の感覚に合うような表現を選んだ。その哲学的に正確な意味は、解説のなかで明らかになる。とりわけそこで回避されるべきは、西洋哲学の術語を用いて表現することである。それは、最初はいかにも魅力的に見えることがあるが、たいていは、でたらめで明らかに間違った理解につながりうるからである。私が一貫して努めているのは、インド的な思考の特色をそのままに保持し、できるだけ正確に翻訳することである。というのも、この未知の思想世界を可能なかぎり正しく理解するにはそうするしかないからである。

（Frauwallner 1956: 4–5）

厳格な態度でテキストと向き合い、その歴史的価値を損ねることのない翻訳を目指すこと。フラウワルナーが目指した研究スタイルは、その後の文献実証的なインド哲学・仏教学研究を決定づけた。

フラウワルナーがその生涯をかけて取り組んだ思想家の一人が、ダルマキールティである。とりわけダルマキールティの『認識論評釈』第一章とその自註で展開された言語論（アポーハ論）については、サーンクリティヤーヤナによる原典発見にさきがけて、チベット語訳と他論書からの引用をもとに詳細な考察を展開した。また、ダルマキールティの全著作の成立順序についても、その後の学会の定説となる研究を発表した。その後のダルマキールティ研究の羅針盤はフラウワルナーによって与えられたと言っても過言ではない。

フラウワルナーの門下からはまた卓越したインド哲学・仏教学の研究者が輩出した。『ダルマキールティにおける認識論の諸問題』（*Erkenntnisprobleme bei Dharmakīrti*, 一九六四年）を公刊したティルマン・フェッター（Tilmann Vetter, 一九三七—二〇一二年）、唯識思想研究の権威であるランベルト・

シュミットハウゼン（Lambert Schmithausen, 一九三九― 年）はとりわけ有名である。

そして、現代にいたるまでダルマキールティ研究の中心に存在するのが、エルンスト・シュタインケルナーである。彼は『理由の雫』『認識論決択』第二章のテキスト校訂および独訳という代表的研究で、文献実証的な仏教認識論研究の範例を築くとともに、ダルマキールティの刹那滅論を中心とする存在論、因果論、論理学の体系を解明する刺激的な論考を発表し続けている。また近年では、新たに発見されたジネーンドラブッディの『認識論集成註』のサンスクリット語写本にもとづくテキスト校訂、および『認識論集成』「知覚」章のサンスクリット語原典の想定作業を行い、学会に多大な影響を及ぼした。

また、後述する梶山雄一とともに、一九八二年に京都において「第一回ダルマキールティ学会」を発足させ、その後に続く「国際ダルマキールティ学会」（第二回〔ウィーン、一九八九年〕、第三回〔広島、一九九七年〕、第四回〔ウィーン、二〇〇五年〕、第五回〔ハイデルベルク、二〇一四年〕、第六回〔釜山、二〇二一年予定〕）を組織した。現在、世界中の仏教認識論・論理学の研究者が国境の壁を越えて、相互に連携しうる知のネットワークを共有できているのは、シュタインケルナーの恩恵によるところが大きい。

北川秀則（一九一八―七五年）、服部正明（一九二四― 年）、梶山雄一（一九二五―二〇〇四年）、戸崎宏正（一九三〇― 年）

では、日本の仏教認識論・論理学の研究はどのような状況にあるのだろうか。

実は、この分野における日本の研究者の業績は世界で高く評価されている。それは、一九六〇年年代に英語あるいは日本語で画期的な成果を残した四名の研究者がいたからである。もちろん、彼らの前にも重要な功績を残した先達はいるのだが、現代でも色あせることのないディグナーガ・ダルマキールティ研究の記念碑的労作を残したという点で、この四名を紹介したい。

北川秀則は、東北大学でダルマキールティ研究のパイオニアである金倉円照に師事し、インド留学ではジャイナ教の学僧ジャンブヴィジャヤに師事しながら、大著『インド古典論理学の研究――陳那（Dignāga）の体系』（一九六五年）を上梓した。これは、サンスクリット語原典が現存しない、ディグナーガの『認識論集成』第二章「自己のための推理」、第三章「他者のための推理」、第四章「実例と擬似的実例」、そして第六章「誤った論難」の各章でディグナーガの自説が展開される箇所に関する解読研究である。解読にあたっては、チベット語訳および註釈、周辺資料から失われた原典を想定し、解読不能な箇所についてはその旨を明記して、後に続く研究者の道標となることを目指している。この労作により、ディグナーガの論理学の体系が明らかになった。

本書の冒頭で北川は、形式論理学の術語を用いてインド論理学を理解したつもりになることの弊害を指摘し、「インド論理学の体系をそのありのままの相に於て再現すること」の必要性を指摘している。ここには、先のフラウワルナーの態度と通じるものがある。

さらにその註記で、比較哲学について重要な指摘をしているので、ここに引用しておく。名古屋大学に奉職中、五十七歳の若さで急逝した偉大な仏教論理学研究者からの金言として肝に銘じたい。

ただここで筆者が言わんとするところは、術語とその術語が属する学問体系との間には有機的な連関が存するからそれぞれの学問体系はそれぞれの学問体系に固有な術語によって説明されるべきであり、甲の学問体系に属する術語を以て乙の学問体系を説明することは乙の学問体系をそのありのままの相に於て示すことにはならないということである。比較哲学は比較の対象となる哲学体系に固有な術語によって提示するというこの基礎的な操作を俟ってはじめて学として成立するものと考えられる。（北川一九六五年、九頁）

北川と同じく『認識論集成』の研究に従事したのが、服部正明である。服部は京都大学で仏教学を学び、インド政府給費留学生としてカルカッタ大学に留学（一九五五―五七年）、同大学で学位（D. Phil.）を授与される。一九六二年よりハーヴァード大学客員研究員として渡米。その地でインド学の権威であるダニエル・インゴルズと交流し、主著となる『ディグナーガの知覚論』（*Dignāga, On Perception*, 一九六八年）を公刊する。[10]

この研究は、ディグナーガの『認識論集成』第一章「知覚」に関するチベット語訳テキストの校訂、英訳註研究であり、膨大な周辺資料を丹念に渉猟しながら、テキストの一言一句の背景を解明したものである。詳細な註記からは、ディグナーガの知覚論のみならず、その影響下にあるクマーリラやダルマキールティの知覚論についても有益な情報を得ることができる。いわば仏教知覚論の百科事典のようなものであり、今なお一級の資料的価値を有する。

服部と同じく京都大学で仏教学を学んだ梶山雄一は、一九五三年から三年間、ナーランダ仏教研究所に、一九六一年から六二年にかけてロンドン大学東洋アフリカ学院に留学、そこでインド仏教最後期に活躍したモークシャーカラグプタの『論理のことば』（*Tarkabhāṣā*）の英訳註を完成させる。この研究は一九六六年に『京都大学文学部紀要』第十号（Wiener Studien zur Tibetologie und Buddhismus-kunde シリーズ第四二巻に再録、一九九八年）に掲載されるのだが、その序文で梶山は、同時期に進行していた北川・服部のディグナーガ研究に言及している。インターネットも電子メールもなかった当時、三人の日本人研究者は、相互に情報交換しながら、それぞれの研究の精度を高めていたのである。人文学の研究はしばしば個人研究が主であるかのように思われがちだが、個人研究の裏側には、密接な知のネットワークが存在し、共同研究の側面があることもまた事実である。

梶山の『タルカバーシャー（論理のことば）』研究は、『世界の名著2 大乗仏典』（中央公論社、一九六七年）に収録され、一般の読者に読まれうるものとなった。これは、日本の読書会にはじめてインド仏教認識論の体系を知らしめた画期的な業績である。

梶山には他に『仏教における存在と知識』（一九八三年）など、一般に仏教認識論を紹介した業績もある。現在では、春秋社より『梶山雄一著作集』が刊行されており、第十巻『認識論と論理学』にはこの分野における主要な業績がまとめられている。その編集後記において吹田隆道が記した次のことばから、梶山の翻訳に対する考え方を窺うことができる。

先生はこの分野の先駆者の一人として、仏教論理学の術語を旧来の因明の漢訳語を用いず、どのような現代日本語に置き換えることができるか常に苦慮されていた。そのため、主辞・賓辞・大前提・小前提・結論・大名辞・媒名辞・小名辞など、アリストテレス学派の形式論理学の術語を借用されたが、西洋哲学の概念とは異なる語義で、あくまでもサンスクリット語の訳語として用いられていることに注意されたい。（梶山二〇一三年、吹田「編集後記」）

梶山の訳文は読みやすく工夫されており、訳語の選定には著者の深い学識が見え隠れする。インド哲学に固有の文脈を意識しながらも、ときに西洋哲学の術語を用いるその翻訳のスタイルは、フラウワルナーや北川の考えとは微妙に異なっているように見える。

先述の通り、梶山はシュタインケルナーとともにダルマキールティ学会を立ち上げ、この分野の学問の発展を推し進めたが、現在では、梶山に学んだ桂紹隆（一九四四― 年）が世界の仏教認識論・論理学研究を牽引する活躍をしている。

戸崎宏正は、九州大学でインド哲学仏教史を専攻し、一九五五年より五八年までインドのナーランダ仏教研究所に留学し、『万物流転の仏教哲学』（*Buddhist Philosophy of Universal Flux*, 一九三五年）の著者として名高いサトカリ・ムーケルジーに師事する。その後、九州大学に奉職し、一九六一年以降、同大学の紀要に『認識論評釈』「知覚」章の翻訳研究を連載し続けた。その成果をもとに新しく書き下ろされたのが大著『仏教認識論の研究』（上巻、大東出版社、一九七九年、下巻、一九八五年）

である。

それまでダルマキールティの知覚論については、個別の研究はあっても、その原典の批判的研究は皆無であった。全五三九の詩節をその諸註釈書の情報とともに独力で校訂・完訳した戸崎の研究はまさに偉業として讃えられるべきであろう。

以上の四名の研究者に共通するのは、文献実証的なスタイルを徹底して、ディグナーガやダルマキールティの信頼ある原典研究の方法を確立したということである。それはまたシチェルバツコイによる比較哲学的アプローチからの訣別をも意味する。実際、彼らの教えを継ぐ次世代以降の研究者は基本的に彼らの方法を踏襲し、仏教認識論に関連する原典資料の批判的校訂と翻訳を精力的に進めていったのである。

この流れにおいて、「東西思想の接点としての認識論・論理学」という観点から、独自の研究を続けてきた中村元の存在はひときわ異彩を放つ。最後に中村の研究を紹介しておきたい。(11)

中村元（一九一二―九九年）

中村元は、東京大学の印度哲学科で、仏教の研究を志しながら、恩師・宇井伯寿《はくじゅ》の勧めに従い、ヴェーダーンタ思想の研究からスタートした。『初期ヴェーダーンタ哲学史』（一九五〇―五六年）は、膨大な原典資料を渉猟したヴェーダーンタ思想研究の金字塔である。その後、仏教研究に転じた中村は『仏教語大辞典』（東京書籍、一九七五年）を個人で編纂するという偉業をなし遂げ、最後に比較思想という学問分野の開拓に努めた。中村は次のように述べる。

日本における思想研究は、「だれだれの思想について」といった固有名詞つきの思想研究、局面的な研究が多く、思想そのものを追及する気構えが弱いように見受けられる。思想そのものを問題とするには他の潮流における類似した思想と対決して特殊的なもの、偶然的なものを洗い落として、本質的なものを取り出す必要がある。そのための手続きとして当然必要になるのが、世界の諸思想潮流との比較である。これが「比較思想」である。

（中村一九八六年、一一五頁）

だが、中村の意に反して、比較思想という学問領域は学界には容易には受け入れられなかった。その方法や目的をめぐり、さまざまな批判が投げかけられたが、中村は比較思想学会を設立し（一九七四年）、人類の平和の実現のためには、それぞれの伝統の差を乗り越えて、普遍的な人類の知を模索することが必要であることを訴えた。それから半世紀が過ぎようとしているが、比較思想という学問の地位をめぐっては、いまだ評価は定まっていない。

中村が、その死の間際まで続けた最後の研究は、認識論・論理学に関する東西思想の比較研究であった。雑誌『現代思想』に連載されていた彼の論考をまとめた『論理の構造』（青土社、二〇〇〇年）は、その死後に発刊された貴重な研究成果である。この研究の基盤は、中村がかつて試みた『論理の雫』の邦訳（一九八一年）と、その術語集（一九八三年）にある。中村が示した道は、ダルマキールティ研究を応用した比較思想研究の可能性を開くことにあったのだが、その道はまだ踏みならされてはいない。

本章を閉じるにあたり、筆者の立場を記しておく。

あくまでも現時点での感想にすぎないが、シチェルバツコイ－中村ラインの研究は、今後、見直されるべき余地があると考えている。たしかに、現状では仏教認識論の研究はフラウワルナーにはじまる文献実証的な思想史研究が主軸であり、それは今後も維持されなければならない。その点にまったく異論はないが、比較思想的なアプローチで仏教認識論を研究する道が絶たれることもあってはならない。

二十一世紀の情報革命の恩恵により、私たちはインターネットを通じて、さまざまな異分野の最新の学問的成果に自在にアクセスできる環境に生きている。周辺領域の研究についても検索し、その成果を自在に閲覧できる。また、ワークショップ等を通して他分野の専門家と意見交換することもできる。

そのような環境下で筆者が目指すのは、中村が否定する「固有名詞つきの思想研究」を維持したまま、彼が言う、「他の潮流における類似した思想と対決して特殊的なもの、偶然的なものを洗い落として、本質的なものを取り出す」作業を行うことである。ここで中村が述べているのは、ダルマキールティのアポーハ論に通じる考えである。つまり、ある概念（例えば、〈牛〉）の本質規定のためには、それと異なる他の概念との差異（例えば、〈非牛の排除〉）としてそれを捉えるしかないということ。私たちの研究に即して言えば、仏教認識論の特殊性あるいは特質は、それと対立する他の伝統、例えば現代の心の哲学や現象学との差異を明らかにすることではじめて浮かび上がるということ。その目的のためにはしかし、北川の註記にあったように、それぞれの術語や概念はあくまでもその術語や概念が帰属する思想体系において意味をもつことに留意しておかねばならない。単に類似の術語や概念を比較しようというのではない。狙いはあくまでも「仏教認識論」という名で呼ばれる思想体系そのものの特色を、他の伝統との差異としてあぶり出すことにある。

この試みに見込みがあるのかどうか、それは本書の以下に続く各章を読んでくださった読者それぞれのご判断に委ねたい。

第二章　仏教認識論の基礎――プラマーナとは何か

はじめに

ダルマキールティが、初学者向けに著した『論理の雫《しずく》』の冒頭は次の句からはじまる。

正しい認識を前提として人間のあらゆる目的は成就される。だから、その正しい認識が解明される。
（『論理の雫』「知覚」章、第一句）

ここにはごく当たり前のことが述べられているように見える。私たちがなにかしらの目的を目指して行為しようとするのであれば、まずは正しい認識を手に入れなければならない。例えば、「大学合格という目的をかなえたいのであれば、まずはそのために何をなすべきか、真剣に考えなさい」と言われれば、なるほどその通りと頷ける。

しかし、ダルマキールティが語ったことはそういうことなのだろうか。そもそも「真剣に考えること」と『正しい認識』とは同じ意味だろうか。また、彼は「何を」正しく認識しなければならないと述べているのだろうか。そして、「人間のあらゆる目的」とは何を指しているのだろうか。

そういったもろもろを考えはじめると、途端にこの句が不可解なものに見えてくる。そして、その漠然とした不可解さは、仏教認識論にはじめて触れたときに誰しも否応なく感じるものかもしれない。自分たちの周りで、「人間の目的」や「正しい認識」という語や概念が使われることはあまりない。まして、その両者を一直線に結びつけるような考えにはなかなかお目にかかれないだろう。ダルマキールティの考えを理解するためには、まずはその違和感をできるかぎり払拭するところからはじめた方がよいだろう。そのために、仏教認識論の議論の枠組みと基本的な術語についてある程度の知識を手に入れておくにこしたことはない。

この章では、さきの『論理の雫』の冒頭句とそれに関連する『認識論評釈』の議論とを参考にしながら、正しい認識とその手段をめぐる仏教認識論の考えの基礎を確認する。

第一節　真実智の探究

1　人間の目的

あなたは何のために生きているのか？

唐突にこう問われれば、おそらく多くの人は答えに窮するに違いない。そのようなことは考えたことがないかもしれないし、考えるだけ時間の無駄であると感じるかもしれない。答えがあるとしても、その答えは千差万別で、人によってまちまちのそれが返ってくることだろう。

だが、人それぞれに別々の目的を定めて生きることができるということは、自分の人生をデザインする自由があるということである。それに対して、人間の目的はそれぞれの生まれに応じて定められている、という考え方もある。そして、こちらの方が古代インドの人々の常識であった。というのも、彼らには「人間の三大目的」が伝えられてきたからである。

人間の三大目的とは、一、ダルマ（宗教的義務を果たすこと）、二、アルタ（世俗的な実利を追求すること）、三、カーマ（性愛を通して子孫の繁栄をもたらすこと）である。当時のインドには、後に「カースト制度」とポルトガル語で呼ばれることになる厳格な身分制度が存在していたが、それぞれの身分に応じて、共同体の繁栄のために果たすべき各々の役目が、生まれながらにして定められていた。

だが、以上はあくまでも共同体の内側に生きる人々にとっての話である。共同体を離れ、共同体の外側から人間の目的を考える人々もまた、古代インドには存在していた。

例えば、ウパニシャッド哲学を生み出したバラモンの出家修行者たちは、荒地や森のなかで自己を見つめ、輪廻の苦から逃れるために宇宙の根本原理であるブラフマンと合一する境地を目指した。人間は死してのち、さらにまた別の生存を得て新たな生を送り、やがてまた死んで、また別の生存を得る——この生存の連鎖（輪廻）から解き放たれること（解脱）こそが、彼らが見出した人間の目的である。

ブッダもまた輪廻の激流を渡ることを出家修行者に説き示した。苦しみが消滅するその境地は

「涅槃」（ニルヴァーナ）と言われる。一方、在家の者たちにとっては、出家修行者たちに布施などを行うことで善行を重ね、死後に天界に生まれること（昇天）が人間の目的とされる。

これが宗教的なレベルでの人間の目的であるが、先に見た『論理の雫』では「人間のあらゆる目的」という表現で、それ以外の世間的な目的もふくまれることが示唆されている。すなわち、望ましくないことを回避し、望ましいものを手に入れることが、私たちが日常的な生活おいて求めていることである。

2　プラマーナとは何か

さて、ダルマキールティによれば、人間のあらゆる目的の成就は正しい認識の獲得を前提とする。とはいえ、正しい認識さえあれば、それだけで目的が成就されるわけではない。バラモン教諸学派にあって論理（ニヤーヤ）を重視するニヤーヤ学派の『論理註解』（*Nyāyabhāṣya*）は、正しい認識と目的の成就とのあいだに次のような関係を想定する。

一、正しい認識手段を通した対象の理解。
二、対象を手に入れようとする欲求、あるいは捨てようとする欲求。
三、対象を手に入れるための、あるいは捨てるための行動。
四、対象を手に入れる、あるいは捨てるという目的の成就（幸福の実現）。

例えば、水を飲みたいと思う人が、幻覚ではないあり方で水を認識し、その認識にもとづいて行動を起こして、水を飲み、喉の渇きをうるおす場合を考えるとよい。この目的成就の起点となるのは、水の認識である。

同様のことを宗教的な目的成就の文脈にあてはめるならば、聖典などのことばを通して人生の目的を正しく理解した後に、その目的を目指す意欲を起こし、修行することで、目的が成就される、ということになる。

いずれの場合でも、まずは正しい認識が得られなければ、それに引き続く行為も目的成就もない。では、正しい認識はいかにして得られるのか。

私たちに正しい認識をもたらす源泉や手段、それをサンスクリット語で〈プラマーナ〉(pramāṇa)と言う。この語は「正しい認識」を表す〈プラマー〉に手段を意味する接尾辞〈アナ〉が結びついて出来上がる。語源的には、この語は「測量手段」を意味し、漢訳では「量」と訳される。私たちはさまざまな対象に対して、特定の物差しを通して向き合い、それを認識している。例えば、赤色を見るときに、自分の視覚に映じる赤色の知覚像を物差しとして、私たちはその対象を理解している。また、向こうの山から立ち昇る煙を見たときに、因果関係にもとづく推論を通して、そこからは見えるはずのない火の存在を理解する。このように対象の正しい認識をもたらす知覚や推理が、〈プラマーナ〉(正しい認識手段)である。

ここで少しだけ訳語の問題に踏み込んでおきたい。インド哲学および仏教哲学における認識論の重要概念である〈プラマーナ〉について、従来、「正しい認識手段」のほかに「知識手段」「真知手段」などの訳語が与えられてきた。いずれの翻訳も、それぞれの訳者が熟考の結果として提示しているものであり、〈プラマーナ〉の訳語として問題はない。

ただし、そのうちの「知識手段」については、〈プラマーナ〉に関連する〈ジュニャーナ〉もまた「知識」と訳す可能性を示唆するために、そこには若干の問題がふくまれる。この点について、『岩波哲学・思想事典』（岩波書店、一九九八年）で「知識」の項目（インド）を執筆した谷沢淳三は次のように記している。

> サンスクリット語でこれ（＝知識――引用者註）に相当する語はまず〈ジュニャーナ〉が浮かぶかも知れない。しかし、これは西洋哲学における知識論での〈知識〉とは重要な点で異なる。それは、「正しい」を意味する表現が修飾語として付き得るということからわかるように、「真である」ということが前提とされていない。
>
> （『岩波哲学・思想事典』一〇六二左頁）

谷沢が注意する通り、「知識」という訳語をサンスクリット語の〈ジュニャーナ〉にあてはめたならば、西洋哲学における知識の古典的定義、「正当化された真なる信念」と齟齬をきたしてしまう。〈ジュニャーナ〉には、真なるものもあれば偽なるものもある。そこで、その訳語としては、真偽いずれの修飾語も許容できる「認識」をあてておきたい。

これに対して、〈プラマー〉は真なるものであるから、これを「知識」と訳すことにはそれほど問題はない。そこで訳語の組合せとしては、〈プラマー〉を「知識」とし、〈ジュニャーナ〉を「認識」とするか、〈プラマー〉を「正しい認識」とするか、のいずれかが考えられるのだが、本書では後者の選択肢を選ぶ。

「知識」よりも「認識」を選ぶもう一つの理由は、それが行為であることを表しやすい日本語だからである。もちろん、「知識」も「知る」という行為とつなげることはできるが、「知られた内容」という意味合いの方が強いように思われる。それに比べると、「認識」の方がより一回的な行為としての認識、すなわち生じたり滅したりするという特徴をもつ〈ジュニャーナ〉の意味に合致する。

この「行為としての認識」は、インド哲学に固有の文脈から出てくる考え方である。インド哲学では、「認識」を行為（サンスクリット語でクリヤー）の一種と捉えることで、それを古代インドの文法学（パーニニ文法学）の伝統に従い、カーラカ理論にもとづいて分析する。

「カーラカ」とは、行為の成立要因である。例えば、「太郎は斧によって木を切る」という文の分析では、「切ること」という行為が成立するために、行為者（誰が）と行為手段（何によって）という要因が寄与している。さらに複雑な文になれば、これに加えて、行為対象（何を）や受益者（誰に）、あるいは分離の起点（何から）や基体（何において）もまた行為の実現のために必要な要素となる。これらのカーラカの観点を念頭に置くことで、どれだけ複雑な文であったとしても、それが〈行為の実現〉に集約される行為要素の連関として分析的に理解されることになる。

今、「正しく認識する」という行為について言えば、その行為を実現させるための要素として、少なくとも行為対象（認識対象）と行為手段（認識手段）の二つは必要となる。これに、行為主体（認識主体）を加える考えもあるが、常住な主宰者としてのアートマン（霊魂）を認めるバラモン教ならともかく、そのようなアートマンを否定する仏教は、行為主体を想定しない。

「正しい認識」という行為の実現のために必要な要素をこのように考えるならば、行為対象となる認識対象（プラメーヤ）が重要な働きをするのは当然であるが、それよりも「行為を実現させるために最も重要なもの」（サーダカ・タマ）とされる行為手段に注目が集められる。インド哲学のさまざまな学派で、解脱のために必要となる真実智の考察がなされるとき、彼らがそれぞれの立場から「正しい認識」を実現するための認識手段（プラマーナ）について詳細な検討を行ったのは、まさにプラマーナこそが宗教的実践を理論的に裏づけるための柱になるものだからである。

このようなわけで、西洋哲学の「認識論」に相当するインド哲学での呼び名は「プラマーナ論」なのだが、そこにはいくつもの相違点があることに注意しておくべきだろう。とりわけプラマーナ論の場合には、宗教的目的を成就するための真実智の探究という側面が入り込むため、議論のいたるところに、それぞれの学派に固有の宗教的な術語が混ざり込むことに慣れておく必要がある。例えば、仏教認識論の議論では、ブッダの悟りやヨーガ行者の直観なども、通常の知覚経験と並んで扱われる。

3 プラマーナの数・定義・対象・果報

プラマーナに関して、各学派の捉え方はさまざまである。意見の相違は、プラマーナにおける一、数、二、定義、三、対象、四、果報の四つの観点で発生する。今、インド哲学を代表する主要な学派の見解について、一、プラマーナの数についての諸説をまとめると次のようになる。(1)

プラマーナの数について

唯物論（チャールヴァーカ／ローカーヤタ）――プラマーナは知覚のみ。
ヴァイシェーシカ学派――プラマーナは知覚と推理の二種類。
仏教（ディグナーガやダルマキールティ）――プラマーナは知覚と推理の二種類。
仏教（ヴァスバンドゥなど）――プラマーナは知覚・推理・証言の三種類。
サーンキヤ学派・ヨーガ学派――プラマーナは知覚・推理・証言の三種類。
ニヤーヤ学派――プラマーナは知覚・推理・証言・類推の四種類。
プラバーカラ派――プラマーナは知覚・推理・証言・類推・分析的導出の五種類。
バッタ派――プラマーナは知覚・推理・証言・類推・分析的導出・無の六種類。

最初に登場する唯物論は、ヴェーダ聖典等の権威を認めず、業《ごう》や、その果報として天界に生まれることなどを承認しない立場である。彼らにとっては、感覚などの直接的な経験で知られることがすべてであり、それを超えてなんらかの超感覚的な対象があることを証明しようとする態度そのものが否定される。

その後に、プラマーナを二種類のみとする立場として、ディグナーガ以降の仏教認識論の伝統と範疇論的実在論を説いたヴァイシェーシカ学派との二つが挙げられる。このうち、仏教認識論では、従来、正しい認識手段の一つとされた証言、すなわち聖典や教説（聖言量《しょうごんりょう》）が推理におさめられ、別には立てられない。このことの詳細は次節で論じる予定である。一方、ヴァイシェーシカ学派が同じように正しい認識手段を二種としたことは、漢訳でのみ残された『勝宗十句義論《しょうしゅうじっくぎろん》』で確認することができる。

次に、プラマーナを三種類とするのは、ディグナーガ以前の仏教の伝統や二元論を説くサーンキャ学派、その姉妹学派であるヨーガ学派である。彼らは知覚や推理に加えて、証言が正しい認識の源泉になると認める。証言とは、聖典のことばや信頼しうる者の教説であり、宗教的実践には欠かすことができない。先に見た通り、プラマーナが解脱《げだつ》のための真実智の源泉であるとすれば、まさにこの証言こそが、プラマーナの本義であるとも言える。解脱を求める実践者たちは、それぞれの宗教指導者のことばを信頼し、解脱のための修行に努めるのである。

この三種類に類推を加えた四種類をプラマーナとするのは、ニヤーヤ学派である。類推とは、既知の対象との相似性を通して、未知の対象を認識することであり、「これは……のようなものだ」という形で他者に知識を伝達する場合に使用される。ただし、ニヤーヤ学派のなかにも、類推を認めないバーサルヴァジュニャ（十世紀）のような思想家もいたことは註記しておきたい。

祭式解釈学で知られるミーマーンサー学派は、さらに分析的導出（アルターパッティ）というプラマーナを承認する。[2] 分析的導出の例として出されるのが、「太ったデーヴァダッタは、昼間は食べない」から「彼は夜に食べている」を想定する場合である。つまり、「デーヴァダッタは太っている」

と「彼は、昼間は食べない」とのあいだに対立があることを前提として、その対立を解消する第三の命題を想定することが、分析的導出と呼ばれるプラマーナである。ヴェーダ聖典の解釈において、いくつかの対立する規定を整合的に解釈するための技法が、このプラマーナと深く関係している。

ミーマーンサー学派のうちで、プラバーカラ派は分析的導出までの五つのプラマーナを認めるが、クマーリラに従うバッタ派は、さらに無（アバーヴァ）と呼ばれる第六のプラマーナを主張する。ある対象に関して、先に述べた五種類のプラマーナが働かない場合、それはその対象が存在しないことを意味すると理解される。この否定的認識の根拠となるのが、「無」と呼ばれるプラマーナである。なお、このプラマーナによって知られる非存在は、一、未生無《みしょうむ》（原因である牛乳にはまだヨーグルトは無いという状態）、二、已滅無《いめつむ》（ヨーグルトが出来上がれば、原因である牛乳は無いという状態）、三、相互無《そうごむ》（牛には馬が無く、馬には牛は無い状態）、四、絶対無（ウサギの頭に角が無いという状態）の四種である。

インド哲学においては、さらに別のプラマーナを認める者たちもいるが、ここでは扱わない(3)。

プラマーナの定義について

先に見たそれぞれのプラマーナには、それぞれの学派に固有の定義が与えられる。同じく「知覚」と呼ばれるものについても、学派により定義が異なるため、いずれが妥当な定義であるかをめぐる論戦が繰り広げられた。

＊ ディグナーガは「概念的思考を離れたもの」と定義し、いわゆる無分別知覚（純粋知覚）のみを知覚として認めるが、文法学派のバルトリハリは逆に、概念的思考を伴う有分別知覚のみを認める。さらに、ニヤーヤ学派やミーマーンサー学派などは無分別知覚と有分別知覚の双方をともに承認する。このように、知覚の定義をめぐって諸学派の意見の対立がある。

また、個別のプラマーナだけではなく、プラマーナそれ自体の定義をめぐっても、各学派の見解は異なっている。仏教の場合にプラマーナがどう定義されるのか、という点については第三節以降で主題的に論じる。

プラマーナの対象について

ディグナーガは、独自相が知覚の対象であり、共通相が推理の対象であると述べ、認識対象の区別に応じてプラマーナの区別がなされると主張した。これをプラマーナの分立（ヴィヤヴァスター）と言う。一方、他学派は同じ対象に対して、複数のプラマーナが重複して作用すること（サンプラヴァ）を認める。この点でも仏教と他学派との対立がある。

プラマーナの果報について

例えば、ニヤーヤ学派などが考える知覚では、感覚器官と対象との接触がプラマーナとなり、その果報として対象の理解が生まれる。プラマーナとその果報とのあいだには、原因と結果の関係が成り立っており、両者は区別される。ところが、仏教認識論が言う知覚の場合には、対象と感覚器官との接触から生じたその認識そのものが、一面ではプラマーナとして――対象理解をもたらす対象像が浮かぶことを通して――捉えられるとともに、また別の一面では、プラマーナの果報たる対象理解のあり方で捉えられる[4]。

第二節　認識の正しさの基準（一）――欺きのなさ

1　日常的な場面における正しい認識と目的成就との関係

では、あらためて『論理の雫』の冒頭句を見てみよう。

正しい認識を前提として人間のあらゆる目的は成就される。だから、その正しい認識が解明される。

（『論理の雫』「知覚」章、第一句）

ダルマキールティは、正しい認識が前提となり、人間の目的が成就されると述べる。だが、ある認識が正しい認識か間違った認識かは、そもそもどのようにして確認されるのだろうか。

この問いかけに対しては、その認識に従う行為により目指す目的が成就できたか否かで、その認識の正しさが決まる、と答えるのが一般的である。だがそうすると、当の認識それ自体は、その最初の時点では、正しいとも間違っているとも決まらない。つまり、正しい認識はそれが生じるその時点では、正しい認識ではない。あくまでも目的成就のその後で、事後的に「最初の認識は正しかった」と振り返られるものである。

（正誤未定の）認識　→　行動　→　目的成就／不成就

＊　目的成就の時点で、最初の認識の正しさが分かる。

したがって、正しい認識を導く手段（プラマーナ）とは何かを定義するためには、行動から目的成就までのプロセス全体を視野におさめて考える必要がある。『論理の雫』の註釈を著したダルモーッタラは、この点をさらに詳細に分析して、次のような理解を示した。

正しい認識とは、欺かない認識のことである。また世間では、先に示した目的物を獲得させるような人物が「欺かない者」と言われる。その認識もまた、自らで提示した目的物を獲得させるものであるから、「欺かないもの」と言われる。そして、目的物を獲得させるということは、提示した目的物に向かう行動へと人を駆り立てることにほかならない。

（『論理の雫註』「知覚」章、一七頁）

ダルモーッタラが「欺きのなさ」をプラマーナの定義とした背景には、ダルマキールティの同様

の言明がある。(5)

正しい認識とは、欺かない認識である。欺かないとは、目的実現が定まっていることである。

（『認識論評釈』「プラマーナの確立」章、第一偈）

ダルマキールティは、認識の正しさを目的実現の観点から説明しようとしている。しかし、これだけでは正しい認識と目的実現とのあいだの関係がいま一つはっきりしない。そこで、註釈者であるダルモーッタラは、その両者のあいだに三つの契機を介在させることで、「欺きのなさ」が意味するところを明らかにした。

一、認識による目的物の〈提示〉
二、目的物に対する〈発動〉
三、目的物の〈獲得〉（＝目的成就）

ダルモーッタラはこの三段階のプロセスを説明するために、「欺きのない」人物の例に言及する。例えば、ある人物が健康サプリを宣伝している場面を考えてみる。その人物のことをまるで知らない状態であれば、そのサプリの情報には半信半疑であろう。しかし、その人物が信頼に値することが分かっている場合には、そのことばを信じて行動を起こし、その商品を手に入れることだろう。

正しい認識を「欺かない」と擬人化して語るのは、認識の場合にも同じプロセスが想定されるからである。目の前に水がある。その水を見るときに、水の知覚像が「水」という目的物の存在を私たちに知らせる。このとき、体調不良その他の理由で錯覚や幻覚が生じる状態ではないとすれば、その認識に従い、水の場所へと体を運び、水を飲んで渇きをうるおそうとする。

いずれの場合も、最初に目的物が提示される段階では、それが手に入るかどうかはまだ未定の状態にある。しかし、最初の段階ですでに、その人物あるいはその認識が「欺かない」と見なされていれば、それに続く行動と目的物の獲得とが約束される。

では、どうして最初の認識の「欺きのなさ」があらかじめ所与のものとして認められるのだろうか。最初の認識の「欺きのなさ」が目的実現を待ってはじめて確定されるのであれば、欺きのない正しい認識から行動が起きる、という点と齟齬をきたす。つまり目的実現のためには正しい認識がなければならないが、認識の正しさは目的実現に依存する、という循環の過失が生じる。

ダルモーッタラはこの点を論じてはいないが、稲見正浩（稲見〔一九九三〕）が明らかにしたように、『認識論評釈』に復註を施したシャーキャブッディは、この問題を自覚し、認識から目的実現のあいだに三つのパターンを想定する。

一、これまでの反復経験にもとづく知覚　↓　行動　↓　目的実現
二、はじめての知覚　↓　疑惑からの行動　↓　目的実現
三、推理　↓　発動　↓　目的実現

このうちの一と三の場合、その認識は、目的実現を待つことなく、それ自体で正しい認識となる。例えば、目の前の水に対する知覚は、これまでの繰り返しの経験から、のどの渇きをうるおすという目的実現を可能にする。また、向こうの山から立ち昇る煙から火の存在を推理する場合、実際にその火を直接経験せずとも、目的実現は保証される。これら二つの場合には、目的実現に先立って「欺きのない」認識となる。したがって、循環の過失は生じない。

二の場合には、実際に目的実現がはたされるまでは、その知覚的認識が「欺かない」かどうかは定まらない。ただし、その認識の正しさが不明であるからといって、その主体が行為発動を取りやめるわけではない。人々は疑惑を動機として、つまり一種の賭けとして行為を起こすことがある。その結果、目指す目的物が手に入れば、最初の認識が正しかったことが判明する。この場合も循環の過失はない。

ところで、上記のダルマキールティと後継者たちとの議論は、しばしば真理論として語られてきた。たしかに、ここでは認識の正しさ、つまり認識内容の真偽が扱われているようにも見える。しかし、厳密に言えば、これは真理論――ある認識（信念）が真であることの定義や条件をめぐる議論――ではなく、認識の正当化（justification）をめぐる議論である。

彼らが論じているのは、ある認識が正しいことを、その認識と目的実現とのあいだの必然的な連関から正当化する道筋である。例えば、知覚の場合には、目的物と知覚像とのあいだには因果関係が成立しており、その因果関係が知覚の正しさを正当化している。[6]

2 宗教的な場面における正しい認識と目的成就との関係

さて、これまでのところでは日常的な場面を念頭に置きながら認識の〈欺きのなさ〉をめぐる議論を追いかけてきた。だが、この〈欺きのなさ〉という術語は、日常的な場面を超えて、聖典のことばにもとづく宗教的実践が問われる文脈でも、重要な意味をもつ。そのことを見るために、まずはこの術語が、ダルマキールティによりプラマーナの定義として採用されるにいたった歴史的な流れをおさえておきたい。[7]

仏教認識論においてこの術語に最初に言及するのは、ディグナーガの『認識論集成』第二章である。彼はプラマーナとして知覚と推理の二種類のみを認める立場であるが、これに対しては証言、すなわち聖典のことばを独立したプラマーナとすべきであるとする根強い考え方が対峙していた。それもそのはずで、伝統的なバラモン教の思想では、プラマーナという語はもともとヴェーダ聖典のことばを指して用いられてきたのである。

正統派の文献、たとえば初期ミーマーンサー学派やヴェーダーンタ学派の作品に随所に見られる「……に対するプラマーナは何か」という言明は、「……が正当であると立証するに足るヴェーダやその他聖典中の典拠は何か」という意味で述べられたと理解すべきである。すなわち、これらの文献においては「ことば」（シャブダ śabda）という語で「ヴェーダのことば」というプラマーナを指すのが普通である。

（宇野一九九六、一六頁）

この「ことば」の意味が後には、ヴェーダ聖典のみならず信頼ある人の言明（アープタ・ヴァチャナ）にも拡大され、人々に宗教的実践を促す聖典や教説一般を指すようになる。このようなプラマーナを、ここでは「証言」と呼ぶことにする。

ディグナーガは、証言は独立したプラマーナではないという立場を表明した。この主張は、当時のインド思想界に相当の衝撃を与えたものと推測される。というのも、仏教内部にあってさえ、その伝統においては論理的な根拠（理証《りしょう》）だけではなく、経典上の根拠（教証《きょうしょう》）をもって議論に臨むことが一般的であったし、ディグナーガの師であるヴァスバンドゥも証言（聖言量《しょうごんりょう》）を独立したプラマーナと認めていたからである。

しかし、ディグナーガは、証言と推理にはある共通の性格が認められることから、前者を後者のうちに還元する方がよいと考えたのである。その共通の性格こそが「欺きのなさ」である。

信頼ある人の言明（証言）は、欺きのなさの点で共通するのだから、推理である。

（『認識論集成』「自己のための推理」章、第五偈前半）

ディグナーガは信頼ある人の言明が欺かないことを説明するために、ヴァイシェーシカ学派の根本聖典『ヴァイシェーシカ・スートラ』が説く、「命名行為は知覚を前提とする」（二・一・一九）を引用し、通常人には知覚しようのない天界などの超感覚的対象について、聖典のことばが欺かないのは、その語り手が特別な知覚でその対象をすでに把握しているからである、と説明する。つまり、聖典の「欺きのなさ」は、それに先立つ知覚経験などでその内容が保証されることによって成り立つ。

そうすると、推理の場合にも「欺きのなさ」があることは次のようにして説明づけられるだろう。例えば、向こうにある山から立ち昇る煙を見て、そこに火があることを推理するような場合、インド論理学では、煙と火とのあいだに成り立つ必然的関係（この場合は因果関係）がなんらかの実例（例えば、カマド）のうえであらかじめ確認されていなければならない。つまり、推理とは、過去の経験の積み重ねによって導かれた一般法則を使い、目の前にない事柄を説明することに他ならない。

聖典のことばにせよ、推理にせよ、その時点では、そこで言明されたり、推理されたりする対象（天界やあの山の火）は見えていない。けれども、いずれも先行する信頼する人の知覚や過去の経験がもとになっているから、まだ見ぬ対象が得られることへの確信が生まれる。したがって、一方は超感覚的対象、他方は感覚的対象（今は見えない）を扱うという違いがあるにせよ、「欺きのなさ」という一点では共通しており、だからこそ、両者を別々のプラマーナと見なす必要はない。これがディグナーガの考えたことである。

続くダルマキールティは、この考えをさらに一歩進めて、推理（証言をふくむ）だけではなく、知覚にも「欺きのなさ」という特質が当てはまる以上、「欺きのなさ」でプラマーナ一般を包括的に規定できると考えた。それだけではない。ダルマキールティの時代には、各々の宗教や学派が自らの宗教的権威の唯一絶対性を強調し、互いに相手を批判する状況にあったため、聖典にはますます重要な役割が求められていた。そのため彼は、聖典は推理に還元されるというディグナーガの定説を遵守しつつも、あらためて仏教徒にとっての聖典（ブッダの教説）の価値を問い直した。

正しい認識の定義を「欺かない認識」と提示してすぐ後に、ダルマキールティは証言も話者の意図を聞き手に伝えるプラマーナであることを指摘する。ここで重要な点は、単なる証言では話者の意図までは到達できるものの、対象の真実在にまでは到達できないということである。誰かの証言を頼りに行動を起こすとしても、それだけで人間の目的がかなうとはかぎらない。

ただし、証言のなかでも真実在の認識に裏付けられたものであれば、それは特別である。すなわち、ブッダの教説であれば、彼自身が解脱という人間の目的を成就した体験に裏付けられたことばであるから、人間の目的に関して欺くものではない。ダルマキールティはこのことを、日常的な認識の場合と比較しながら、次のように述べる。

〔認識〕それ自身は自らで知られるが、その認識の正しさは〔その認識が引き起こす〕行動を通して〔確証される〕。〔日常的行動では確かめようのない事柄については〕教説が蒙昧を退ける。

（『認識論評釈』「プラマーナの確立」章、第四d―五a偈）

前節で見た通り、ある認識の正しさはその認識に続いて起こされる行動の成否によって事後的に確かめられる。今でこそ私たちはインターネットを通して、自分が経験していない事柄についてもさまざまな情報を手に入れることができるが、ここではあくまでも実際に行動できる範囲の事柄に関する認識が扱われている。水の認識が喉の渇きをうるおすことをもたらし、火の認識が凍える体を暖めることにつながってはじめて意味をもつ。素朴ではあるが、認識と行動とが一対となった世界観が彼らの議論の前提であることを心にとめておいていただきたい。

だがそのことは、彼らの世界が日常的に経験可能な範囲のみに限定されていたことを意味しない。生きているかぎりは経験することのできない死後の世界のあり方、例えば布施などの功徳により天界に生まれること、罪業を重ねることで地獄に生まれることなどは、聖典を手段として知ることのできる事柄である。そしてまた、解脱という人間の目的、解脱のために実践すべき項目などの認識もまた聖典からしか得ることはできない。ダルマキールティは、これら超感覚的な対象に関する私たちの蒙昧を払う役割をブッダの教説（聖典）に求めている。

当然ながらここで、ブッダの教説が正しいと言える根拠はどこにあるのか、という点が疑問になるはずだが、その点についてダルマキールティは信頼ある聖典とそうでない聖典とを区別するための基準を設定している。その詳細は終章で触れるため、ここでは「欺きのなさ」との関連から次の点だけを指摘しておきたい。

先に見た通り、日常的なレベルでは、ある認識の「欺きのなさ」はその認識に続く行動により確証される。一方、解脱という人間の目的に関する教説の「欺きのなさ」は、その目的を目指す行動以前に知られていなければならない。そこでダルマキールティが提示したのは、ブッダ自身の体験という形で――私たちの実践に先立って――「欺きのなさ」が保証されるという道筋であった。ブッダは「自らが体験した道を語る」存在である。だからこそ、彼は「欺くことのない」存在、すなわち、プラマーナであると讃えられる(8)。

第三節　認識の正しさの基準(二)――新規情報性

1　未知の対象としての四聖諦

次にダルマキールティが、プラマーナの定義として与えた二番目の項目を見てみよう。それは、『認識論評釈』の次の詩節に説かれる。

あるいは、未知の対象を照らす〔認識がプラマーナである〕。〔対象〕それ自体〈独自相〉を理解した後でその共通相〔という未知の対象〕を認識する場合、〔その概念知もプラマーナに〕なってしまう〔と考えるかもしれないが、それは違う〕。独自相がまだ知られていない場合に〔未知の対象を照らす〕認識が〔プラマーナである〕と意図されているからである。〔目的実現を目指す者たちは〕独自相を考察しているからである。

（『認識論評釈』「プラマーナの確立」章第五偈後半―第六偈）

この第一定義のポイントは、認識の正しさをその認識内容の新規性に求める点にある。これは西洋の認識論から見ると、かなり特異な考えに映るかもしれない。この考え方の背景にあるのは、仏教の刹那滅論である。すなわち、世界の諸事物は瞬間的に生成しては消滅する。「誰も同じ川に二度入ることはできない」と述べたヘラクレイトスではないが、万物は生成消滅の流転のなかにあると仏教は説く。

私たちは知覚を通して、この生成・消滅する刹那的な対象それ自体（独自相）と触れ合う。したがって知覚のたびに、つねに新しく独自相が捉えられる。この限りで、知覚はプラマーナの第二定義を満たす。

ところが、その知覚の風景に私たちが気づくことはない。なぜならば知覚に後続する概念知の働きにより、独自相は覆い隠されるからである。概念知は、漢訳では「分別」と言われる通り、事物をことばや概念で切り分け、分節化して捉える重要な認識の働きである。

普通には、「思慮分別のある人」が「無分別な人」よりも評価されるはずであり、好んで分別を捨てることはしない。しかしながら、仏教ではまさにこの概念知（分別）こそが迷いを生み出すもとになるとされる。私と私以外とを線引きすることで、「私のもの」への執着が生まれる。同じようにさまざまな事象や事物を概念的に区別し、レッテルを貼ることで、格づけを行い、慢心や嫉妬を誘発する。

ダルマキールティは、このような概念知をプラマーナとすることを拒否する。ただし、概念知のなかでも推理知だけは、今ここに感覚することのできない対象の共通相を知ることを通して、その対象そのもの（独自相）の獲得をもたらすとされる。それは未知の独自相を知らせるものであるから、概念知であっても、プラマーナである。

さて、未知の対象を照らすものがプラマーナであるというこの第二規定は、日常的な認識だけにあてはまるものではない。「欺かないもの」という第一規定がそうであったように、この規定もまた宗教的な意味合いをもつ。すなわち、ブッダもまた未知の対象を照らす存在であるからプラマーナである、という含意である。

ブッダが照らし出した未知の対象とは、四聖諦《ししょうたい》のことである。ダルマキールティは次のように述べる。

取捨すべき真実在（苦諦《くたい》・滅諦《めったい》）をその（原因や）方策（集諦《じったい》・道諦《どうたい》）とともに説き示す者、彼こそがプラマーナであると認められる。すべての事柄を説き示す者がそうなのではない。
（『認識論評釈』「プラマーナの確立」章、第三二偈）

あるいは救済とは四つの真実在を照らすことである。
（『認識論評釈』「プラマーナの確立」章、第一四六偈前半）

彼は慈悲により優れた事柄を説き、認識にもとづいて実現手段を伴う真実在を説く。それを説くために努力を重ねる存在であるから、彼がプラマーナである。

（『認識論評釈』「プラマーナの確立」章、第二八二偈）

ブッダは四聖諦を説き示したことで、それまで誰にも知られることのなかった苦からの解放の道を明らかにした。ダルマキールティはブッダが無我見の実践を説いた点を強調する。解脱への道はそれぞれの学派でさまざまな説かれ方がなされるが、無我見の実践以外に苦の原因を取り除く方策がないことを明らかにしたのは、ブッダ以外にはいない。四聖諦として知られる四つの真実在は、まさに「未知の対象」であり、それを照らし出したからこそブッダは「プラマーナ」と称される。

こうしてダルマキールティのプラマーナ論は、日常的な認識からブッダという宗教的指導者までを射程におさめて、正しい認識の手段（プラマーナ）と真実智へ人々を導く存在（プラマーナ）とを重ね描いた。仏教認識論が解脱論と不可分の関係にあると言われる所以である。

2　プラマーナの循環問題

ダルマキールティは、世間的な知覚や推理を扱う認識論と、ブッダの悟りと教説を対象とする宗教論との二つの軸を交差させ、哲学と宗教とが融合する地平で自らの思想を鍛え上げた。

しかし、二つの軸の交わり方次第では、片方の体系がもう片方に寄りかかり、後者がまた前者に寄りかかるという循環が起きる可能性がある。この問題に焦点をあてたのが、エルンスト・シュタインケルナーによる「仏教における認識論の伝統の精神的位置づけ」（Steinkellner, 1982）と、「循環再論」（Steinkellner, 2003）の二本の論文である。シュタインケルナーの炯眼《けいがん》は、ダルマキールティの思想体系の背後に哲学と宗教との緊張関係が潜むことを見抜き、それを良い意味での循環と捉えることで、プラマーナ論の全体像が浮かび上がることを明らかにした。

シュタインケルナーが提示するのは、次のような循環である。

(1) 私たちの日常的な知覚や推理というプラマーナが、ブッダの教説が権威であることを確立する。
(2) 認識の正しさは「欺かないこと」として理解される。
(3) 欺かないことは、目的実現に依存している。
(4) 人間のあらゆる目的は、究極な目的（涅槃《ねはん》）により確定される。
(5) 究極の目的はブッダの教説により示される。

このうちの、(1)は、まさしくダルマキールティが『認識論評釈』第二章を通して試みたことであり、私たちの知覚や推理というプラマーナでブッダの教説を検証し、その正しさを確証するプロセスを指す。そして、そのプラマーナの特質が「欺きのなさ」、さらに目的実現の点から規定されることは前節で論じた通りである。また、ブッダの四聖諦の教説を通して、私たちは涅槃という人間の究極の目的とそこにいたるための実践の方策を知るのであるから、(5)の記述に疑問はない。問題は(4)にある。人間のあらゆる目的は、究極的な目的である涅槃により確定される、とはどういうことなのか。シュタインケルナーは次のように説明する。

そのような究極的な目的は、それが達成される前には経験のしようがないものである。もし先に経験されるのであれば、それはもはや究極の目的とは言えないだろう。だが、それが究極的なものであれば、それが得られる以前にその目的のために役立ったあらゆる事柄は、その目的が最終的に成就することで、実際に確定されるのである。それ以外の、究極の目的には役立たない、つまり単なる見かけのうえでの実在にもとづく活動は、間違いである。私の考えでは、未来における目的成就を約束するという意味での「欺きのなさ」は、この究極の目的に従事する場面で見出されなければいけない。（Steinkellner, 2003: 327）

先に私たちは、日常的な場面における欺きのなさと宗教的な場面における欺きのなさとを別々に考察したことを思い出していただきたい。ダルマキールティの議論の骨子は、日常的な知覚や推理が目的物に対する行動を促し、その目的の成就をもたらすものであること、そしてブッダもまた自らの経験を通して、人々を涅槃という究極の目的へと導く存在であることを示し、いずれにも「欺きのなさ」という特質が認められることを指摘する点にあった。

シュタインケルナーは、この二つの議論の線を結びつけるために、「人間の行動の最終目標はまた、人間の日常的なさまざまな行動が目指す地点でもある」（Steinkellner, 1982: 11）という観点から、人間にとって有意義な行動はいずれも涅槃という究極の目標に資する、という主張を展開する。つまり、涅槃という究極的な目標から世俗的な行動の価値もまた定められる。

　これは一見すると現代の常識に反するように見えるが、仏教的な共同体を前提とすれば、十分にありえる見方ではないだろうか。実際、仏教教団で定められる出家・在家のためのさまざまな戒律は、直接的あるいは間接的に涅槃という最終目標に導くことを中心に組み立てられている。教団と教団を支える在家者の共同体とにとって、何が求められる目的であり、何が避けられるべきものなのかは、仏教的な価値観に従って区別されてきた。このことは、仏教の伝統が今も生きるタイやチベットなどの文化に垣間見ることができる。

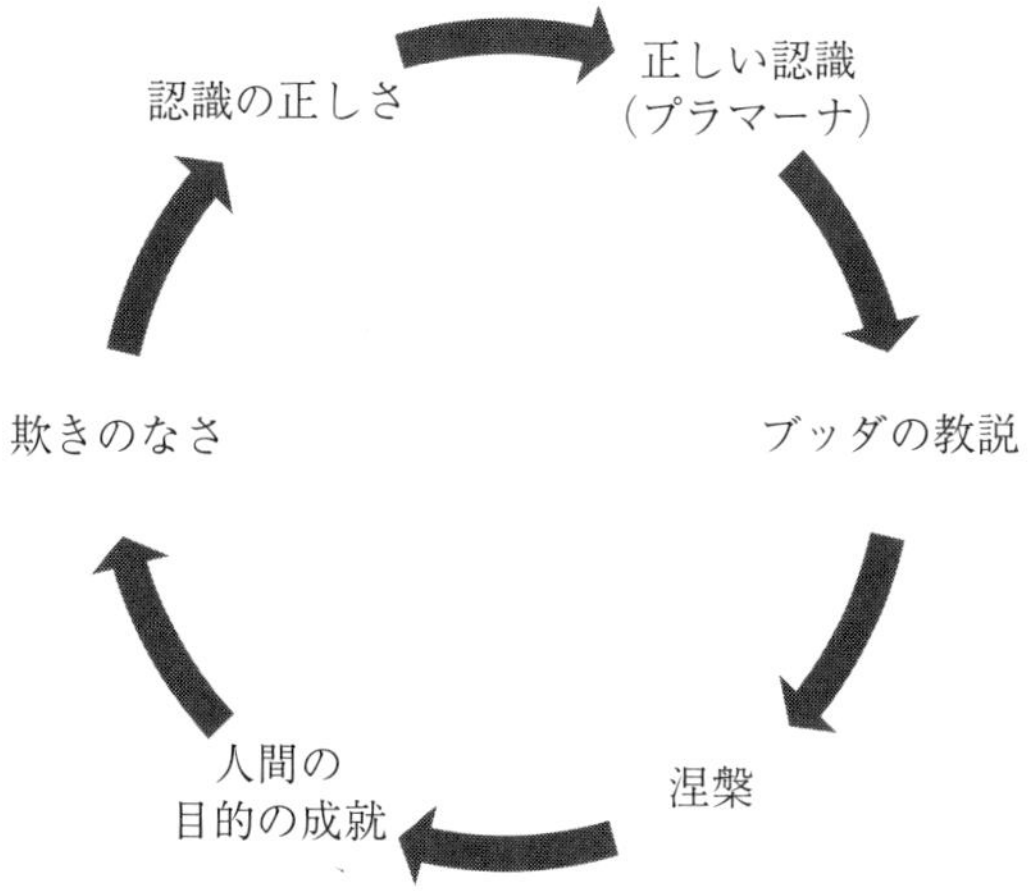

　このような涅槃という究極の目的を中心とした仏教的な価値の体系を念頭に置くならば、「欺きのなさ＝目的実現が定まっていること」という定式化は、ブッダによる四聖諦の教説――涅槃もまたそこで説かれる――を抜きにしては成り立たないことが分かる。その

意味で、(4)に言う、「人間のあらゆる目的は、究極な目的（涅槃）により確定される」はたしかに成立する。

シュタインケルナーは、以上の循環がダルマキールティの思想体系そのものに由来するのではなく、むしろ思想体系の背景にある文化的制約を考慮してはじめてなされるという点を強調する。つまり、この循環は仏教の伝統のなかに生きたダルマキールティ本人には自覚されず、あくまでも伝統の外側に立つ視点から発見できるものである。

しばしば指摘されることであるが、仏教認識論の議論はその表面だけを取り出せばいかにも哲学的で思弁的な内容に終始しており、仏教の実践的な側面が抜け落ちているようにも見える。しかしながら、ディグナーガやダルマキールティ自身はあくまでも仏教徒として、涅槃や解脱を指向する実践を暗黙の前提としながら議論を積み重ねたのであり、それを純然たる――このような言い方が適切か否かはは分からないが――認識論や論理学の体系として構築することが企図されたのではなかった。

シュタインケルナーが「循環」を通して明らかにしたことは、彼らの哲学的営為の背後にはブッダの悟りに根ざした仏教的共同体の価値観が潜むということであり、それはことばを換えれば、彼らのプラマーナ論は断じて仏教の傍流ではなく、悟りを目指す仏教の本流に位置づけられるということである。あるいはより強い表現でこう言ってもよいのかもしれない。――プラマーナ論なしに仏教は成立しない、と。

第三章　仏教認識論と所与の神話

はじめに

現代のテクノロジーの進歩はすさまじい。もうすでに亡くなったはずの人物が、３Ｄ映像で蘇り、ＡＩの技術でセリフを語り、往年のままの歌声を披露する。頭ではその人物はもう存在しないと分かっていながら、あたかも本人がそこにいるかのように見えてしまう。さらに技術が進めば、ヴァーチャルとリアルとの境界はますます曖昧なものになるだろう。

ところで、外界対象はそのようには存在しないにもかかわらず、私たちがそれをリアルなものとして捉えるのは、自分たちにはその対象の明瞭な知覚像が浮かんでいるからだ、という考え方がある。私たちが見ている世界は、外界対象そのものではなく、外界対象からの刺激により感覚器官を通して与えられ、脳内の処理を通して形成された知覚像が投影されたものにすぎないのかもしれない。だとすれば、他の方法で同様の知覚像が形成されるのであれば、それは自分たちにとっては限りなくリアルな世界ということになるだろう。

もちろん、ヴァーチャルな存在がリアルな存在に漸近《ぜんきん》するにせよ、あくまでも「同様の」ものであり、実世界を完全に再現することは難しいという意見もある。それに対して、逆に、そもそもリアルとされる存在も自分たちにとってそう見えるものにすぎないのだから、最初から私たちにはヴァーチャルな存在しかなかったのだという考えもあるだろう。ただ、いずれにせよ、リアルとヴァーチャルとの接点になにかしらの媒介を置く見方が、私たちにとっての世界のあり方を説明する有力な候補となる。

仏教認識論が立脚する有形象認識論《うけいしょうにんしきろん》は、そのような見方の一つである。サンスクリット語で〈アーカーラ〉(ākāra)は形相や形象を意味するが、対象の形象は外界にあるのか、それとも認識の側に帰属するものか、によってインド哲学は二つの陣営に分かれる。一方は、認識には形象は属さず、認識は対象にある形象を直接的に捉えるとする考え方をとるのに対して、他方は、認識は形象を伴うものであり、外界対象を直接的に捉えることはできないと主張する。後者に従えば、この世界の個々の事物は、意識に映じるさまざまな形象にすぎない。私たちは形象の働きのために、ヴァーチャルな存在をあたかもリアルなものであるかのように思い込んでいる。仏教の学派でいえば、経量部《きょうりょうぶ》(経部)あるいは瑜伽行派《ゆがぎょうは》がこの立場に立脚している。

それでは、形象に相当する術語を西洋哲学のなかに探るなら、どのようなものが相当するだろうか。哲学の知識がある人であれば、観念や心的表象、あるいはセンスデータといった術語がすぐに浮かんでくるだろう。古今東西、哲学者たちは私たちの内なる世界と外なる世界とをつなぐ媒介者にさまざまな名称を与えてきた。いずれも意識に直接的に与えられたものという共通の存在論的な身分を有している。ここでは短く「所与」（given）と呼んでおこう。

私たちは所与という媒介を通して世界と触れ合う。バートランド・ラッセルは『哲学入門』で次のように述べる。

感覚によって直接的に知られるもの——色、音、におい、硬さ、手触りなど——に、「センスデータ」という名を与えよう。そして、これらを直接意識している経験を「感覚」（sensation）と名づけよう。よって、ある色を見ているときにはいつも、その色についての感覚を持っているのだが、色そのものは感覚ではなくセンスデータである。つまり、直接意識されるものが色であり、意識そのものは感覚なのである。

（ラッセル二〇〇五、一五頁）

センスデータ。響きのよいことばだ。「感覚与件」と日本語に訳してもよいが、ここはあえてそのままセンスデータで通しておきたい。私たちが感覚を通して手に入れている外界からの情報である。目の前のコーヒーカップの色や形状、その手触り、コーヒーの香り、そしてその味わい……。これらすべてがセンスデータであり、私たちはセンスデータを基盤として世界に関する知識の伽藍を構築する。ラッセルが組み上げた知の体系化のプログラムは美しい。

しかし、その伽藍の基盤は実は危うい土台であることが判明する。センスデータは、その定義上、各人に私的に与えられるものであり、公共的で中立的なものではありえない。私が見ているコーヒーカップと、テーブルの向こう側に座る友人が見ているコーヒーカップとでは、見え方は異なるはずである。厳密には、異なる、と言うことすらできないのだが、今はこういう言い方を許してもらいたい。このような私的な領域に閉じ込められる要素がはたして公共的な知の体系化に寄与することができるのか。内なる世界と外なる世界とをわかつ溝はあまりに深い。無理に接合しようとすれば、土台は軋み、伽藍は崩れ去るだろう。

そこでラッセルは一つのトリックを仕掛ける。センスデータを感覚することは、面識による知識(個物の知識)の一種であり、記述による知識(真理の知識)、すなわち推論的な知識ではないと言うのが彼の主張である。なるほど、と頷いてしまいたくなるが、ここにさりげなく二つの「知識」が導入されたことが問題である。普通、私たちが知識という語で連想するのは、「記述による知識」のことであり、「面識による知識」などという得体の知れないものを考えたりはしない。だが、ラッセルはセンスデータを感覚することも一種の知識であると強引に結論づける。なぜなら、そうしなければ、私たちの知識の体系には基礎がないという厄介な事態が生じてしまうからである。

> 理解可能なすべての命題は、面識されているものだけを要素とし、構成されているのでなければならない。これが、記述を含む命題を分析する際の根本的な原理である。
> (ラッセル二〇〇五、七二頁)

ここに二十世紀前半の論理実証主義の哲学者たちが準拠した認識論的基礎づけ主義の一つの典型例が示された。一言で言えば、経験的知識はセンスデータを基盤として成り立つ、ということ。この考え方が二十世紀のはじめにおいて、西洋の哲学を席捲した知識の哲学のモデルであり、それはまた、後続する哲学者たちからの徹底的な攻撃にさらされる標的となった考えでもある[1]。

仏教認識論の形象（アーカーラ）に対応する概念を考えているうち、思わずセンスデータに関する話が長くなってしまったが、時代も地域も異なる二つの伝統から生まれた両概念には、不思議に通じるところがある。詳しくは本章の前半部分で論じるが、形象とセンスデータはともに、外界からの因果的な作用から受動的に形成されるものでありながら、同時に、経験的な知識／概念知を生み出す働きもする。この類似点に、まずは着目したい。

一方、本章の後半では、仏教認識論と西洋の認識論のプログラム、とりわけ初期の論理実証主義者が狙ったプログラムとのあいだには見過ごせない相違があることを指摘する。仏教認識論は――一部の論者がそう認めるのとは異なり――、基礎づけ主義ではない。

この主張について論じるにあたり、私たちはアメリカの哲学者ウィルフリッド・セラーズが提示した所与の神話の議論を参照する。よく知られているように、セラーズは、所与の神話の議論を通して、センスデータから経験的知識を基礎づけようとした初期の論理実証主義者たちの企ては破綻に陥ることを明らかにした。興味深いことに、彼の批判は、仏教認識論の形象をめぐる議論にもある地点まではあてはまる。しかしながら、そのある地点から仏教認識論の議論はセラーズの批判をすり抜けてしまう。なぜ、そのようなことが起きるのかと言えば、仏教認識論が説く形象はセンスデータときわめて似通った特質をもつにもかかわらず、経験的知識の基礎づけというプログラムそのものがそこには欠けているからである。

なお、人によっては、そもそもそのような比較に何の意味があるのか、と考えるむきがあるかもしれない。仏教認識論をその思想史の文脈から切り離せば、議論の内的な発展の痕跡や他学派との交渉のなかで展開された新理論の背景などがすべて隠されてしまう。思想史的考察を切り捨てることの代償は大きい。しかし、序論でも論じた通り、仏教認識論の研究、特にテキストの翻訳においては西洋哲学の類似の術語を一切考慮することなしに進めるなどということはおよそ不可能である。必ずどこかで二つの伝統が交差する術語や概念と邂逅《かいこう》する。その邂逅を実りあるものにするためには、類似の術語の背景にある体系の違いに意識的であるべきだ、というのが私の考えである。

この目論見がどこまで上手くいくのかは心もとないが、まずはセラーズの議論を確認するところからはじめよう。

第一節　所与の神話

セラーズの『経験論と心の哲学』に寄せた序文において、リチャード・ローティが述べるように、セラーズが一九五六年に発表した同名の論文は、クワインの「経験論の二つのドグマ」（一九五一年）、ウィトゲンシュタインの『哲学探究』（一九五三年）と並び、二十世紀の分析哲学のパラダイムを転換させた重要な業績として知られる。なかでも所与の神話に対するセラーズの批判は、論理実証主義者たちが企図した基礎づけ主義のプログラムへの死亡宣告として、その後の分析哲学者たちに大きな衝撃を与えたのである[2]。

セラーズはこの論文の冒頭で、センスデータを認める論者の主張には相反する二つの論点があると指摘する。

一、感覚されるのは個物である。感覚することは知ることではない。センスデータの存在は、知識の存在を論理的に含意しない。

二、感覚することは知ることの一つの形式である。感覚されるのは個物ではなく事実である。

（Sellars［1997: 16］、浜野訳、七頁）

ロバート・ブランダムの「手引き」（Study Guide）によれば、この二つを同時に認めるということは、感覚能力（sentience）と知性能力（sapience）との区別をあいまいにすることである。

所与の神話とは次の二つの性質をもつ、ある種の気づき（awareness）がありうるという考えである。第一に、それはある種の〈知識〉をもつということ。その知識は、おそらくはなにか他の事物についてのものではなく、少なくともその当人がその状態にあるという知識、あるいはその種の状態にあるという知識である。つまり、それは、その状態にある当人が、まさにその状態にあるという、ただそれだけのために所有しているところの知識である。第二に、その種の気づきをもつ能力は、その状態であるために、なんらの概念の獲得も前提としないということ。つまり、(典型的には言語習得を通して)概念の使用を把握したり、それに習熟したりすることなく、あるいはそれらに先だって、その感覚に気づくことができるということ。セラーズの批判的な議論の結論は、これら二つの特質は両立不可能ということである。すなわち、命題的な内容をもつもの、概念的に分節化されるものだけが正当化の役割をはたし、(またそれ自体のための正当化を必要とし、)そのようにして知識を基礎づけたり、構成したりするのである。

(Brandom [1997: 122]、浜野訳、一四六頁)

セラーズの本文に勝るとも劣らぬ難解な文章であるが、所与の神話をめぐる議論のエッセンスがここに集約されている。ラッセルが感覚(sensation)と呼んだところのセンスデータに関する気づきは、それが「知識」と呼ばれることがあるにせよ、かなり特殊な意味で「面識による知識」と名づけられたものであることに注意する必要がある。また、感覚がそれ以外の信念の正当化のために無力であるのは、それが概念的思考を離れたものであるからである。まとめると、感覚が「知識」と呼ばれるためには、命題的内容をもち、理由の論理空間に参与しなければならないが、それは感覚の第二の側面である前言語性・非概念性と矛盾する。したがって、センスデータなどの所与を経験的知識の基礎と考える議論は、いずれも根拠のない神話として退けられなければならない。

所与を攻撃する議論は、セラーズ以外の哲学者にも見られるが、感覚の二面性に着目した批判は彼に特有のものである。セラーズ自身が述べる通り、ここでは、各人が一人称的にのみアクセスできる内的な出来事であるからという理由で所与が批判されているわけではない。また、ウィトゲンシュタインの私的言語批判を援用して、内的な出来事が推論的な知識の基礎になることへの攻撃を目指したのでもない。内的な出来事そのものは、セラーズにとって必ずしも否定されるべき存在ではなかった。『経験論と心の哲学』の後半部における主題は、まさにそのような内的出来事をセラーズ自身が「新しい神話」と呼ぶジョーンズの神話を用いて説明することにある。今、その詳細に立ち入ることはしないが、そのポイントは、思考や感覚印象という内的な存在者が先にあって言語や発話が生じるのではなく、それとは逆に、言語や発話が思考や感覚印象に先立つということである(3)。

> 私の神話は、言語が本質的に間主観的な達成物であり、間主観的な文脈で学ばれるという事実――現代の言語心理学においてB・F・スキナー、そして、たとえばカルナップやウィトゲンシュタインのような哲学者によって正しく強調される事実――が「内的出来事」の「私秘性」と両立可能であることを示した。
> (Sellars [1997: 107], 浜野訳、一二四頁)

セラーズが目指したのは、所与の神話に依拠した議論のためにあいまいになった感覚と知性の境界線をあらためて引き直し、言語や概念に関連することを後者の領域に、すなわち知性に限定することにあった。そしてこのことは、基礎づけ主義に対するセラーズの批判の論点が決して基礎づけ関係一般を破棄することを狙ったものではなく、あくまでも「基礎」という言い方が否応なく含意するところの、不動にして完全なる知識の伽藍というものを拒否することにあったという点を確認しておきたい。

この〔基礎づけ主義の〕描像は静的な特徴をもつために誤解を招く。カメに支えられたゾウの絵か（何がカメを支えているのか）、あるいは偉大なヘーゲルが描く、自分の尾を呑みこむヘビの絵か（それはどこからはじまるのか）、いずれかの選択を迫られているように思われるかもしれない。しかし、どちらも正しくない。というのも、経験的知識は、その洗練された拡張物である科学と同様に合理的だからであり、それが合理的であるのは、経験的知識が基礎をもっているからではなく、それが自己矯正的な企て（self-corrective enterprise）だからである。それはいかなる主張であっても危険にさらすことができるが、すべてを一度に危険にさらすわけではない。（Sellars［1997: 78–79］, 浜野訳、八八頁、神野他訳、二一〇—二一一頁）

基礎づけ主義が退けられるのは、それが経験的知識の一例であるところの科学的知識の形成を上手く説明できないという理由にもよる。つまり、科学の世界では、それまでは単なる理論的な存在にすぎなかったものが、観察や実験の結果、事実として認定されることもあれば、その逆に、これまで事実として認められてきたものが、別の証拠のために、否定されることもある。このような科学的探究のプロセスは、直接的な経験を不可謬のものとして立てるセンスデータ論とは折り合わない。むしろこの考え方は、仮説と検証の反復を通して理論に修正を加え続けることに価値を置くプラグマティズムに通じるところがある。

以上、きわめて大雑把にセラーズの議論の一部をまとめてみた。彼の影響は分析哲学や心の哲学だけではなく、カントやヘーゲルといった大陸哲学との結節点として、さらには、西洋哲学以外の哲学の領域にまで広範囲に及ぶ。その射程に仏教哲学もおさめられることは、近年出版された『ウィルフリド・セラーズと仏教哲学』（*Wilfrid Sellars and Buddhist Philosophy*, Garfield, 2019）に収録された諸論考から明らかである。次節では、その成果の助けも借りながら、ダルマキールティの知覚論を所与の神話の議論から読み直し、その特色をあぶり出すことを試みる。

第二節　ダルマキールティの有形象認識論

ダルマキールティは、ディグナーガの見解を継承し、私たちに真実智をもたらす源泉は知覚と推理の二つに限られるという立場を遵守する。ここでいわれる知覚は、概念的思考（カルパナー kalpanā）を離れた純粋な知覚経験を指し、一般に感覚よりも高次の認知状態として理解されている知覚と同じものではない。一方、推理の方は、概念的思考の一種である。したがって、知覚と推理との境界線は、概念的思考を伴うか伴わないか、という点にある。(4)

1　形象の二面性①　対象との因果的連関

以下では知覚における形象に的を絞って、もうすこし詳しくその内容を分析してみよう。ダルマキールティは、知覚を一、感官知、二、意知覚、三、楽などの自己認識、四、ヨーガ行者の直観の四種類に分類する。

まず感官知であるが、これはいわゆる五感に相当する。五感のそれぞれに対応する対象（色・声・香・味・触）があり、対応する感覚器官（眼・耳・鼻・舌・身）とそれぞれの原子の集合体、そして適切な条件が揃っている場合、次の瞬間に感官知が生じる。先の説明では、色から生じる眼識《げんしき》だけを取り上げたが、五感が同時に起きることもある。むしろ、日常的な場面では、そちらの方が自然かもしれない。

原子の集合体は物質的なものであるのに対して、感官知の方は心的な領域に属する。二つは異なる領域にあるが、原子の集合体は因果的な作用により、その形象（この場合は青の形象）を感官知に投企するとされる。感官知の側からすれば、青の形象は、外界から受容されたものである。(5)

次の意知覚は、感覚とは別の意識のレベルで外界の対象（青）を捉える認識のあり方を言う。これは先に感官知が生じた次の瞬間に生じる意識の働きである。その対象になるのは、感官知と同じ瞬間にある対象、すなわちその意識から見れば、一瞬間前の対象である。ここでも因果的な作用により、時間を異にする対象が次の瞬間の意識に自らの形象（青の形象）を投企するとされる。

このような意知覚が起点となり、さらにその次の瞬間には、その対象に関する言語協約の想起と結びついて、「青である」という概念知が生じる。意知覚は、概念的思考を離れた知覚から概念的思考を伴う認識への橋渡しの役割をはたしている。なお、意知覚の扱いについては、註釈者のあいだでも意見の相違があったとされるが、その詳細は船山（二〇一二）に詳しい解説がある。

最後に楽などの自己認識についてであるが、これは「すべての心と心作用がそれ自身を知ること」（『論理の雫』一・十）と定義される通り、あらゆる認識とそれに付随する心作用がそれ自体で再帰的に認識されることを言う。

この例として、楽などの感受作用（ヴェーダナー、受）が挙げられる。仏教では、楽や苦、すなわち快や不快という感情は、感受作用というカテゴリーに分類され、認識に付随する心作用の一種とされる。感受作用は、感官知と同じく、感覚器官や注意作用とともに色原子の集合体があるときに、それらを原因として生じる。したがって、感受作用にも色原子の集合体から移行してきた色の形象がある。青い蓮を見て、心地良い感情が生まれるとき、その感情は対象をもつのである。

以上、ダルマキールティの知覚論の中核をなす感官知・意知覚・楽などの自己認識について簡略にみてきたのだが、いずれにも共通して、「外界の原子の集合体からの因果的な作用によって、認識に形象（対象の知覚像）が投企される」プロセスが認められる。まずはその点をおさえておきたい。つまり、形象は外界対象との因果的なつながりのなかで受動的に形成される。これが形象について言える第一のことである（なお、ヨーガ行者の直観については次章で解説する）。

2 形象の二面性② 対象理解の契機

しかしながら、仏教認識論における知覚は、単に外界からの刺激の受容能力としてのみ扱われていたわけではない。知覚はまた、対象を自発的に措定するために作用する。そして、その際にも形象が重要な役割を担う。その役割とは、対象理解のための基準となることである。私たちは形象に沿って、目の前にあるものをしかじかのものとして理解する。このことは、知覚におけるプラマーナの果報が論じられる箇所で明らかにされる。

プラマーナとその果報との関係について、ディグナーガはその両者は同体であると主張する。二つは実際には同一の認識であるが、一面では正しい認識を生み出す手段（プラマーナ）として、また別の一面では対象理解という結果として考えることができる。一つの認識のなかで具体的にはどのようなことが生じているのか――ディグナーガは三つの異なる段階を想定する。[6]

一、知覚が外界対象の知覚像（形象）を伴って生じる場合――そこにあるのは対象からの因果的な作用で知覚が生じるという事態にすぎないが、あたかも〈対象を把握する〉という認識作用があるかのように語られる。

二、知覚が外界対象の知覚像とそれ自体の現れとの両者を伴って生じる場合――いわゆる自己認識、（把握対象と把握主体の現れを伴う再帰的な認識）が果報となる。対象を確定するという認識のあり方は、自己認識を本体とする。この段階では、認識内部の形象の方が、対象をしかじかのものとして理解させる手段となる。

三、外界対象を否定する唯識的な世界観を前提として、知覚が知覚像とそれ自体の現れを伴って生じる場合――認識内部の形象が「認識対象」、それを把握する主体としての認識の現れが「認識手段」、そして自己認識が「果報」となる。

このうちの第一段階は、先に見た知覚の受動的な側面に着目した記述である。また、第三段階は、外界存在を認めない唯識思想に立脚した場合の記述であり、私たちの日常的な知覚経験とは隔たりがある。それに対して、第二段階は、第一段階のように外界対象からの因果的作用を強調するのではなく、また、第三段階のように外界対象を否定するのでもない。この両者の中間的な状態に登場する形象こそ、私たちが形象の第二の側面として注目すべきものである。

先に見た楽などの感受作用がそうであったように、ダルマキールティの考えでは、あらゆる認識は当人の主観的な気づきを伴う。つまり、どれだけ客観的に物事を捉えているように思われる場面であっても、そこには必ず当事者の価値判断が混ざり込む。その意味で、外界対象を知覚するときに形成される形象（知覚像）は、外界の単なる写し絵ではない。その対象を見る者がそれまでに経験してきたこと、習慣づけられたことに応じて色付けされ、新たに作り出された像なのである。そして、主観的な色彩を帯びたこの形象こそが、私たちが活動し行為する世界を測る物差し（プラマーナ）となる。

形象は私たちが本当に手に入れたいと欲するものを現し出し、否応なく自分たちをその対象へと駆り立てるような何かである。単に漠然と身の回りのものを見ている状態は知覚とは言えない。少なくともここで考察している仏教認識論の文脈ではそういうことになる。知覚とは、ある対象を行為の目的として確定すること（対象理解）をもたらす作用であり、その契機が形象（知覚像）なのである。ダルマキールティは次のように述べる。

……外界対象が存在するとしても、自己認識される通りに対象は成立しているのだから、それ（自己認識）こそがプラマーナの果報であることは理に適う。と言うのも、対象がその本性のありのままに措定されることはないからである。〔そうだとすれば〕いかなる人の認識も〔その対象に関して〕同じ形象をもつことになってしまうからである。しかしながら〔実際は〕それぞれの認識はさまざまな形象を有しており、そのために同じ本性〔の対象〕がある人には心をひきつけられるものであっても、他の人にはそうではないことがありうる。……したがって対象理解は自己認識を本性としている。そして、それ（対象理解）を実現させる手段は、〔その認識が〕対象の形象を有していることである。形象の通りにそれ（対象理解）は現れるからである。対象措定は自己認識を本性とするのだから、これは〔実際には〕自己認識であるが、結果から見れば対象理解に他ならないと考えなければならない。（『認識論決択』「知覚」章、三六―三七頁）

私たちの日常的経験を成り立たせる概念知は、ここで言う「対象理解」を原因として生まれてくる。そして、対象理解はその対象が自分にとって好ましいかどうかという価値判断を伴う形象として、各人の認識に現れる。それは、「自己認識」と呼ばれる認識のあり方に他ならない。つまり、ここでダルマキールティが描き出したのは、経験的知識が対象像の主観的な現れにより因果的に基礎づけられるという構造である（後述するように、これを「基礎づけ」と呼ぶことには問題があるが、上記の議論からはそのような解釈は許容されよう）。

以上のことを先に見た第一の側面と合わせると次の二系列ができあがる。

外界対象（原子の集合体）↓感覚器官を通した受容↓感官知における形象（対象像）の形成

形象（対象像）の顕現⇓自己認識＝対象理解（非概念知）↓対象確定知（概念知）↓行為発動

※矢印（↓）は因果関係を示す。別の矢印（⇓）は認識手段・果報の関係（本来は同体）を示す。

このように分析された形象の二面性は、セラーズが批判したセンスデータの二面性に重なる部分をもつ。すでに見たとおり、セラーズの診断によれば、センスデータをはじめとする所与は、一面においては感覚によって捉えられる個物としての側面をもつ一方で、経験的知識の基礎となる知識としての側面も兼ね備えている点に矛盾が認められた。同じことはダルマキールティの形象論にも当てはまるだろう。形象もまた、一面においては、対象からの因果的作用により感官知などに与えられたものであり、概念的思考では捉えられないとされる一方、それはまた対象理解を成立させ、その目的物への行為を引き起こす概念知の原因とも考えられるからである。この場合、非概念的なものであるはずの形象がいかにして概念知の形成に関わるのか、という点は仏教認識論にとっても大きな問題である。それこそまさしくセラーズが「所与の神話」として批判した論点に他ならない。彼によるこうした批判は時代も場所も異にするダルマキールティの議論の弱点を射抜いているように見える。だが、本当にそうだろうか。次節では、別の観点からセンスデータ論と形象論との関係を問い直してみたい。

第三節　仏教認識論は基礎づけ主義なのか？

1　仏教認識論と基礎づけ主義

さて認識論における基礎づけ主義とは、意識に直接的に与えられるセンスデータなどの所与は、それ自身は正当化される必要のない不可謬のものとして、他の信念の正当化に寄与するという考え方である。(7) 仏教認識論が基礎づけ主義であるという明確な主張は、アメリカの仏教哲学研究を牽引するジェイ・ガーフィールドの記述に見ることができる。

仏教哲学の研究者は、〔セラーズの議論から〕ただちにディグナーガやダルマキールティの基礎づけ主義的な認識論のことを思い出すことだろう。彼らの議論では、知覚とは個物——瞬間的に生じる感覚的性質——と直接的に触れ合うことであり、他のすべての知識はこの直接的な知覚による知識から推論を通して導かれる。プラマーナを知識の生成として考えるならば、このことは次のように理解される。すなわち、主要なプラマーナである知覚は、瞬間的な個物――私たちの経験を作り上げるもの――に関する直接的な知識を私たちに与える。そして、他のすべての知識は、推論を通してこの〔知覚による知識という〕基礎のうえに構築される、と。

（Garfield 2019: 116）

ガーフィールドは、仏教認識論の体系を、個物を知る知覚を基礎として構築されたものとみなしている。この記述は、個物が瞬間的存在（刹那滅《せつなめつ》）であるという点を除けば、ラッセルの「面識による知識」を想起させる。また、そのような知覚を基礎として他の知識の体系が出来上がるという点でも、西洋の基礎づけ主義となんら区別されるところはない。だが、これはあまりに西洋の側に引き寄せた仏教認識論の理解かもしれない。少なくとも、仏教認識論の文脈において、知覚をある種の「知識」とすることは妥当かどうか、また知覚が本当に他の知識の基礎としてみなされているのか、という点については検討の余地が十分にある。

その点では、同じくアメリカで活躍する仏教学者ダン・アーノルドの説明の方が仏教認識論本来の見方を正しく反映したものと言えるだろう。彼は、ディグナーガやダルマキールティの議論は認識の因果的連鎖を説くばかりで、それでは他の認識や信念を理由づけ、正当化することはできないと説く。セラーズの術語を使えば、仏教認識論が考える形象は「理由の論理空間」に参与することができない。

……ディグナーガやダルマキールティが言う「独自相」が内的なセンスデータのようなものとして理解されるべきである以上、彼らの主張は結局、知識は自分たちに明瞭に現れるものの上に基礎づけられる、ということになる。すなわち、知覚的認識は各人に固有の仕方で定まった現象的内容をもつのであり、自分たちは（先立つ概念や想起などの介在なしに）そのようなものと面識をもつ。このように主張することはとりもなさず、これらのセンスデータがきわめて明瞭に現れていると主張することであり、〔それ以上ではない〕。知覚的認識が〔信念の真偽を決定する〕最高裁判所であるという見方に立てば、人が自らの信念を正当化するための理由づけを行う際にしていることは、その認識――〔正確に言えば、〕それ自身に固有の形で、明瞭に現れる内的な表象――を引き起こす原因となった事物を提示することくらいである。しかしながら、それだけでは、なぜその信念が真であると言えるのかを説明したことにはならないし、なぜ自分がそう思うのかを説明したことにもならない。

（Arnold 2005: 54）

ガーフィールドと違って、アーノルドは、知覚を「知識」ではなく「認識」として記述している。その理由は、仏教認識論が言う知覚が「概念的思考を離れたもの」、すなわち命題知とは異なることを意識しての配慮だと推察される。また、ガーフィールドが「瞬間的な個物」と記した知覚対象を、アーノルドは「内的なセンスデータのようなもの」と述べ、それが形象という独自相であることを明確にしている。彼の説明では、形象は一人称的特権をもって、つまり、その当人にしか感じられない固有の仕方で明瞭に現れるものである。それは他の認識や信念を生み出す原因ではあっても、それらを理由づける存在ではない。非概念的なものと概念的なものとのあいだには超えることのできない溝が横たわるからである。

アーノルドにより以上のように素描された仏教認識論の議論は、おおむね前節の分析にも重なり合う。ここで提示された批判の論点は的確であり、仏教認識論の議論のなかに、この点に関する回答を見つけることは――おそらくはその言語理論であるアポーハ論の分析に突破口があると推測されるにせよ――容易ではない。だが、その前にしばし立ち止まって考えるべき点がある。ガーフィールドやアーノルドが前提としたように、そもそも仏教認識論は基礎づけ主義の亜種とみなされるべきなのだろうか。私はこの点については異議を唱えておきたい。

2 スライドする分析尺度と可謬主義

なぜ仏教認識論の議論を基礎づけ主義と呼ぶことが難しいのか。その理由は二つある。

一つには、彼らが論じる知覚や推理というプラマーナは、第一義的には、すでに出来上がった教説を検証するための道具立てであり、知識を拡張し、体系化することを目的としたものではなかったことが挙げられる。修行者たちは、聖典に説かれる事柄を知覚や推理によって吟味することを繰り返し、その検証に耐えた事柄だけを真実の対象として瞑想修行に努めたのである。それは、知覚やその知覚像（形象）を基礎として仏教を体系化することとはまるで異なる。(8)

もう一つの理由は、絶対に誤ることのない基礎的な要素とされるセンスデータとは異なり、仏教認識論で言う形象には可謬性が認められるという点にある。つまり、仏教認識論のプログラムには、基礎づけ主義とは真逆の〈基礎の解体〉が含まれるということである(9)。

では、基礎の解体はどのように行われるのか。

ブッダは自らのさまざまな教えは、苦しみの大河を渡すための筏のようなものであると語っている。大河を渡れば筏という手段はもう必要ない。だが、そこまでは筏という方便がなくてはならない。ダルマキールティもまた方便を重視する。日常的な経験に馴染んでいる人を次第に高いステージの認識へと導くために、それぞれのステージごとに異なる認識の基礎が設定され、次のステージでその解体が行われた。それぞれのステージに応じて分析の尺度を巧みに変える彼の議論は、現代の研究者により「スライドする分析尺度」と呼ばれている(10)。

> 賢者たちが語る内容は、実在〔の本性〕に由来する。もろもろの対象は考察される通りに、その通りに消えてゆく。
>
> (『認識論評釈』「知覚」章、第二〇九偈)

ダルマキールティは、究極的には瑜伽行唯識派《ゆがぎょうゆいしきは》の真実のみを認める。真実には、外界対象は存在せず、認識内部にも主客の区別は存在しない。ただし、その真実はそのまま人々に説いたところで伝わるものではない。人々は無明による迷いのために、心に生じる主客の形象の区別に従い、内部と外部との区別を立て、諸存在はそれぞれの作用に応じて概念的に区別されているものと考える。この迷いを断ち切るために方便が必要となる。仏教を学び、外界と認識との真実相についての理解を深めることで、瑜伽行唯識派が理想とする空の境地——ただ、光輝く心のみがある——を体得することができる。

そこに至るまでの段階は、外界を認める立場、外界を否定し、形象を伴う心の存在を認める立場、主客未分の心のみの立場、というように階層化される。低い段階からより高い段階へと人々を導く方法は、ちょうどゾウが片目を閉じて歩むことに譬えられる。[11] この方便の道は裏を返せば、経験的知識の基礎を形象に認めながらも、最終的には、その解体を目指すプロセスにほかならない。

セラーズは、基礎づけ主義者の所与を批判しつつ、経験的知識が合理的であるのは、それが基礎をもつからではなく、自己矯正的な企て（self-corrective enterprise）だからであると述べていた。セラーズが経験的知識をプラグマティズムの観点から捉え直した発言と思われるが、その立場から見れば、所与は不可謬なものではない。経験的知識は、科学の発展と歩調を合わせながら、随時、更新されてゆく。それまで正しいと考えられてきた信念が、科学の新たな発見とともに、否定されることもある。

それに対して、仏教認識論の方では、真実智（無二智）という最終目的が定められており、その目的に至るまでのいくつかのステージが階層化され、下位の見解はそれより上位の見解から間違いとみなされ、訂正される。日常的な認識で行為の対象とされたものが、高次の観点からは、形象の現れとして捉え直される。やがて、さらに高次の立場からは形象すらも実在とは認められなくなる。ある段階で経験的知識の基礎とみなされたものも、次第に解体される。これもまた一種の自己矯正的なプログラムであり、基礎づけ主義に反する立場と言うべきであろう。

おわりに

以上、セラーズの〈所与の神話〉批判を手がかりとしながら、仏教認識論における所与、すなわち〈形象〉をめぐるいくつかの問題を検討してきた。その結果、ダルマキールティとその後継者たちの議論には、センスデータを説く論理実証主義者の議論と共通する要素もあれば、それを批判するセラーズの議論と重なる点もあることが明らかになった。

二つの異なる哲学的伝統に属する議論の比較を通して、私たちは両者の近さと遠さ、その微妙な距離感をあらためて認識することができたことと思う。もしも読者がダルマキールティの議論を知る人であれば、ここに描かれたダルマキールティの思想に違和感を感じてもおかしくはない。だが、インド土着の思想史的な文脈において見慣れたダルマキールティの思想の輪郭がぼやけ、その代わりに外部の思想との対比から、その思想の新たな相貌が浮かび上がる経験は、それはそれで意味のあることだろう。ちょうど一枚のだまし絵で、それまでは老婆の横顔にしか見えなかったものが、ある瞬間、若い婦人の後ろ姿として見えるようになれば（あるいはその逆の見え方をすれば）、新鮮な驚きを感じるのと同じである。

ダルマキールティ自身が述べるように、私たちは習慣化した見方からなかなか抜け出せない。その習慣化に抗して、分析の尺度を変えてみることが、仏教哲学の実践である。その尺度を変えてみれば、仏教は宗教であり哲学ではない、というのも一つの固定観念であり、仏教と西洋哲学との比較は無意味であるというのも一つの偏見だと気づくだろう。仏教のリアル（実像）とヴァーチャル（虚像）の境界線もまた、それほどたしかなものではないからである。

第四章　知覚と存在——独自相管見

はじめに

インド哲学に、「存在論」（ontology）の名に値する独立の学問分野があったかどうかは疑わしい。古代インドの哲学者たちにとって、「何が存在するのか」という問いかけは、「何が正しい認識手段なのか」という認識論（epistemology）の問題と切り離すことができず、それはまた、「何が解脱のために必要な手段なのか」という解脱論（救済論 soteriology）の問題とも連動していたからである。存在論と認識論、解脱論が三位一体となるところにインド哲学の特色があり、それはまた仏教哲学の特色でもあった。

振り返ってみれば、私たちが毎日の生活において、「何が本当に存在しているのか」と問いかける場面はまずないだろう。濃い霧がたちこめた山道を運転するときに、目の前にぼんやりと浮かぶ影の正体をつきとめるために、そこに何があるのかに目を凝らすことはあったとしても、机の上の花瓶を眺めながら、ここには本当は何があるのだろう、と考えはしない。目に見え、手に触れることができれば、その存在は確かなものであり、わざわざ問い返すまでもないと普通は考える。

ところが、仏教徒たちにとっては、「何が本当に存在するのか」という問いかけは深刻なものだった。あるがままに自己と世界の真実を見ること（正見《しょうけん》）は彼らに欠かすことのできない実践だったからである。多くの人々は「無い」ものを「有る」とすること（増益《ぞうやく》、サマーローパ）、「有る」ものを「無い」とすること（損減《そんげん》、アパヴァーダ）から離れることができない。そのような間違った見解から抜け出るために、仏教徒たちはブッダのことばを聴聞し、その内容を考察し、考察したことをさらに瞑想することで、真実智の体得を目指したのである。一連のプロセスにおいて彼らが幾度も自問した問いこそが、真実在をめぐる問いかけであった。

この章では、仏教存在論の基礎概念の一つである「独自相」について考える。独自相とは、仏教が説く存在の体系の基盤にある真実在のことである。仏教認識論の哲学者たちは、現に知覚されている対象や行為の目的となる対象のことを独自相と呼んできた。また、宗教的経験としての知覚を論じる場面では、普通の人々には決して見えないのに、修行者にはありありと現れる対象を独自相とすることもある。彼らのテキストを読むとき、独自相の多義性には本当に頭を悩ませられる。しかし、多義的であることにはきちんとした理由がある。存在をめぐる哲学的思考を重ねながら、彼らは真実在の多層性に気づき、それぞれのレベルで独自相を規定しようとした。以下は、独自相のそれぞれの意味を吟味しながら、認識論や解脱論と一体となった仏教存在論を素描する一つの試みである。

第一節　独自相と個物

最初に基本的なところから確認しておこう。

ディグナーガやダルマキールティが認める認識対象は、独自相（スヴァ・ラクシャナ svalakṣaṇa）と共通相（サーマーニャ・ラクシャナ sāmānyalakṣaṇa）の二種類のみであり、それぞれに対応する認識手段（プラマーナ）として知覚と推理の二種が数えられる。(1)

独自相――知覚の対象
共通相――推理の対象

「独自相」や「共通相」という術語は一般にはほとんど馴染みがない。仏教の教理、特に因明学《いんみょうがく》に通じている人であれば、両者が「自相《じそう》」「共相《ぐうそう》」を意識した翻訳であることに気づくだろうが、細かく言えば、自相・共相もまた文脈に応じていくつかの意味をもつ術語であり、安易に漢訳にたよるわけにもいかない。

それならばと、西洋哲学の類似の術語を使って翻訳する道を探ってみたくもなるわけだが、こちらはこちらで別の難題が潜んでいる。試みに、前者を「個物」（particulars）、後者を「普遍」

（universals）と翻訳したとしよう。こうすると一見したところ、何の問題もないように見える。しかし、「個物」の定義と「独自相」の定義とを比べてみると、幾分かの類似性と並んで、顕著な相違点にも気づかされる。

例えば、現代の形而上学で目の前にあるトマトが個物とされることについては、一般的に次のような特徴があるとされている。

局在性　このトマトは、現時点においてはこの場所だけに存在し、同時に他の場所に存在することはできない。

不可入性　このトマトが位置する場所には、同時に他の個物が位置することはできない。つまりこのトマトは、ある空間位置を独り占めしている。

他の個物との類似性　このトマトは、色や重さや大きさ等々に関して、別のトマトやその他の個物と類似しうる。

変化可能性　このトマトは、先月は緑色で小さかったが、現在は赤くて大きい。そしてこれらの変化を通じて、このトマトは同一の個物であり続けている。

認識可能性　このトマトは、知覚などの経験を通じてその本性が知られうる。

（鈴木他二〇一四、一七一頁）

以上の特徴には仏教認識論の独自相とも重なる部分がある。特にダルマキールティが行為対象として論じる独自相は、ここで言われる「個物」と大きな違いはない。しかし、それはあくまでも独自相の一面を切り取った場合のことであり、両者にはいくつかの相違がある。その差異を確認するために、次にダルマキールティによる独自相の定義からその特徴を抜き出してみよう(2)。

目的実現性　その対象には期待された目的を果たす力がある。
非類似性　他のものと類似しない、それ自体に固有のあり方をもつ。
不可言性　ことばや概念で指示できないものである。
知覚対象性　適切な条件が揃っているときには、必然的に知覚を生み出す原因となる。

先に見た個物の特徴と比べてみると、「知覚対象性」の特徴は個物の特徴である「認識可能性」と対応することが分かる。個物にせよ、独自相にせよ、いずれにせよ知覚対象となる点では違いはない。しかし、それ以外の点では相違点の方が際立っているかもしれない。例えば、個物を特徴づける時間・空間的な限定は、独自相の特徴には見当たらない。これは独自相のすべてが時間・空間的な限定を受けないという意味ではなく、独自相の一部には時間・空間的な限定があてはまらないものもあるからである。後に見るように、ヨーガ行者の直観の対象は、時間・空間的な限定を受けない独自相の一例である。

時間的な限定という意味では、個物にある「変化可能性」が独自相の場合にはどうなるのか。これは気になるところである。仮に独自相を瞬間的な存在者として理解すれば、複数の瞬間を通して持続する本体はないことになる。そして、持続する本体がないとすれば、ある瞬間における性質aが次の瞬間に別の性質bになるときに、何の性質が変化したのかが分からない。したがって瞬間的に生成・消滅する存在者について変化を語ることはできない。一方、独自相を日常的行為の対象となるもの――「相続」（サンターナ）と呼ばれる時間的な連続体――と理解する場合にはこのかぎりではない。その場合には、独自相にもまた変化可能性を認めることができる。

「他の個物との類似性」は、独自相を瞬間的な存在者として捉える場合には、「非類似性」の特徴と相反する。ある瞬間にしか存在しない対象であるために、他の何ものとも類似していない固有性をもつからである。ただし、この場合もまた、独自相を行為対象として捉える解釈にしたがうならば、独自相である日常的対象（例えば、リンゴ）には、異類であるミカンやブドウとは異なるという点で、同類の他のリンゴとの類似性がある。

　一方、独自相にあって個物にはない特徴として「目的実現性」と「不可言性」を挙げることができる。このうちの「目的実現性」については、すぐあとで詳しく考察する。「不可言性」は、大乗仏教の言語観――真理はことばを超えた領域にある――を受け継いだ考え方であり、ことばや概念のおよばない地平に真実在を立てようとした仏教徒特有の考え方に由来する。

　大雑把な比較であるが、以上から独自相の方が個物よりも広い射程をもつ術語であることはお分かりいただけたと思う。また、独自相の多義性のために、同じ項目でもあてはまる部分とそうでない部分とがどうしても出てきてしまう。ともあれ、独自相を「個物」と訳してしまうと、こぼれ落ちるニュアンスがあることはたしかである。だが、これまでも何度か言及した通り、行為対象としての独自相に話を限定するのであれば、それは個物とほぼ等しい意味をもつ。そこで本節の残りの箇所では、行為対象としての独自相にフォーカスして、その意味するところを探ることにしたい。

ダルマキールティが構築した認識論の体系では、知覚や推理といった認識手段は、人に対象の情報をもたらす手段であると同時に、人を対象へと向かう行動に駆り立てる契機として理解されている。知覚は、ただぼんやりと物が見えているという状態ではなく、その対象を手に取るべきか、それとも捨てるべきか、という行為選択までをふくむ認識のプロセスを意味している。同様に推理もまた、頭のなかで概念を組み立て、結論を導くのみならず、出された結論にしたがう行為発動までをふくむと考えられなければならない。

このとき、日常的行為において私たちが出会う事物は、時間・空間的に一定の幅をもった連続体としての存在である。例えば、水の入ったコップを目にして、それを手にするとき、視覚対象となるコップと触覚対象となるコップとは、時間的には異なるものとみなすこともできるが、通常、そのようなことは考えない。視覚対象であるコップは、そのまま触覚対象のコップとして同一視されているからである。

ダルマキールティが語る独自相は、多くの場合、このような日常的な事物を指している。それは先に見た現代形而上学が説く個物とほぼ等しいものと考えてよい。ただし、具体的個物としての独自相は、本来は色や触感などの感覚要素の集合体にすぎないものであり、コップなどの形で存在すると思われているものはあくまでも仮の存在にすぎない。

詳しくは次節で検討するが、稲見正浩の研究（稲見 二〇一二）が明らかにしたように、ダルマキールティは、具体的個物はそれを構成する個別の感覚要素に還元できるという立場をとる。そして、個々の感覚要素は個別にそれぞれに対応する感覚的知覚を生み出す因果効力をもつ一方で、協働して、一つの因果効力をもつこともある。例えば、コップにおける水などの保持作用は、コップを構成する色や触感等の構成要素の協働的な因果効力である。そして、それは行為者である人間の視点から見れば、行為の「目的」とも見なされる。

以上を踏まえて、もう一度、独自相の特徴を見てみよう。独自相は、「目的実現の能力があるもの」として定義される。例えば、火という対象は、認識主体にとって体を暖めたり、調理に利用したりという目的を実現してはじめて「存在する」と見なされる。なにかの原因で火の幻覚を見ることがあるとしても、幻覚の火には目的実現の作用はない。

目的実現はサンスクリット語で〈アルタ・クリヤー〉と呼ばれるが、このうちの〈アルタ〉は、原因によって引き起こされる「結果」であるとともに、行為者の観点から見た場合の「目的」をも意味する。これに「作用／実現」を意味する〈クリヤー〉と「能力」を意味する〈シャクティ〉が加わり、〈アルタ・クリヤー・シャクティ〉すなわち「因果効力」「目的実現の能力」という術語が出来上がる。この術語は、個物を構成する個々の要素の観点からは、因果効力となり、個物と対峙する行為者の観点からは、目的実現能力となる。桂紹隆の解説を引用しておこう。

この語の意味は、物の持つ「結果を生じる能力」すなわち「因果効力」と一義的に理解することができる。たとえば、壺が水やミルクを保持する能力である。これを物を使用する人間の視点から定義すると「人間の目的を成就する能力」と呼ぶことも出来るが、それは単に視点の違いにしか過ぎず、いわゆる〈アルタ・クリヤー・シャクティ〉という語の二義の間に本質的な違いはない[3]。（桂二〇〇二、二六六頁、サンスクリット語の音写は引用者による）

したがって、目的実現性により規定される独自相（行為対象）には「個物」として捉えられる側面があるのはたしかであるが、正確にいえばそれは個物そのものではなく、個物を構成する諸要素——因果効力をもつもの——を指している。構成要素が協働作用をなすときに、行為者の視点からその集合体が「（行為の）目的」として主観的に価値づけられ、あたかも日常的な事物と見立てられるのである。

第二節　感覚要素としての独自相、原子の集合体としての独自相

次に、個物の構成要素の側に目を転じてみよう。

例えば、リンゴという具体的個物は、特定の赤さ、甘い香り、独特の酸味などの感覚要素から構成されている。それぞれの要素は各々に対応する感覚的知覚を生み出す。色は視覚を生み、香りは嗅覚を、味は味覚を、といった具合である。したがって、個物の構成要素のレベルで語られる独自相は感覚的知覚の直接的な原因となるもの、というのがひとまずの定義となるだろう。

ところで、このように個物を感覚要素に還元する考え方は、現代の形而上学で言う、「トロープ唯名論」に近しい。インド哲学では、それぞれの学派がそれぞれに固有の存在論の体系を構築しているが、多くの学派が普遍（サーマーニャ）の実在を認めるのに対して、仏教は普遍を否定する。牛性や青性という普遍は存在しない。その理由は、普遍の実在を認める考え方は、アートマンやブラフマンなどの常住な存在を認める考え方につながり、それは仏教の根本定理である「諸行無常」や「諸法無我」と齟齬をきたすことになるからである。そのため、ダルマキールティの存在論は、瞬間ごとに生成・消滅を重ねる無常な独自相のみが真に存在するとする、唯名論と見なされる。

では、瞬間ごとに生成・消滅する独自相とは何だろうか。この問いには、色や香り、触感などの感覚的な要素であると答えられよう。これらの色や香り、例えば「赤さ」であったり、「香りの甘さ」であったりは普遍的な性質ではない。仏教は普遍の実在を否定する。では、普遍ではない性質とはいかなるものか。一つの答えは、その瞬間のリンゴに個別的に具わる性質、すなわちトロープである。トロープは次のように説明される。

例として、ここにまったく同じ色合いの二つのリンゴａとリンゴｂがあるとしよう。そして、それらがもつ「赤さ」に注目しよう。私たちがこれまで「赤さ」として理解してきたのは、リンゴａとリンゴｂが文字通り共有する普遍者としての性質だ。しかし、実際のところ「赤さ」は、これとは異なる仕方でも理解されうる。すなわちその理解によれば、リンゴａの赤さとリンゴｂの赤さは、たしかにそっくりではあるが、あくまで数的には別々の二つの存在者である。

こう考えた場合、「aの赤さ」が指すのは、aだけによってもたれ、aの位置している場所だけに存在する個別者としての性質だ。そして、前述の「トロープ」とは、まさにこの二つ目の仕方で理解された性質、つまり「個別者として理解された限りでの性質」のことである。

（鈴木他二〇一四、一六四頁）

このトロープの説明では、あくまでもリンゴaとリンゴbとの数的な区別に対応して、リンゴaの赤さ（トロープ）とリンゴbの赤さ（トロープ）とが数的に区別されている。それに対して、ダルマキールティならば、リンゴaのなかでも、ある瞬間のそれと別の瞬間のそれとが数的に区別されると言うはずである。つまり、ある瞬間におけるリンゴaの赤さと別の瞬間におけるリンゴaの赤さとは異なることも条件に加えれば、「個別者として理解された限りでの性質」と言われるトロープは、独自相と同じものになるだろう[4]。

仏教的な唯名論において、日常的な事物は、色や触感などの独自相の集合体、すなわちトロープの束に還元される。今、目の前にあるリンゴも分析すれば、赤い「色」、爽やかな「香」、甘酸っぱい「味」などの存在要素（ダルマ）の束となる。日常的な事物は、その束があたかも一つの個体であるかのように思い込まれたもの、ある種の虚構対象である。

同じような考え方は、仏教が人間を五蘊《ごうん》として分析する場面でも見ることができる。時間を通じて一貫する人格的個体（例えば、アートマン）は存在しない。有るのはただ色蘊《しきうん》（物質）、受蘊《じゅうん》（苦楽などの感受作用）、想蘊《そううん》（表象作用）、行蘊《ぎょううん》（形成作用）、識蘊《しきうん》（認識、意識）という存在要素のみであり、そこに自我と呼ばれるような持続的な人格主体は認められない。これが、いわゆる無我の思想である。

この点について詳しく知るためには、『ミリンダ王の問い』の冒頭箇所が参考になる。そこでは、霊魂の存在を認めるギリシア人のミリンダ王に対して、仏教僧ナーガセーナがその考えの間違いを指摘している。ミリンダ王にとっては、「ナーガセーナ」という名前はその霊魂を指示して用いられるものであり、それが単なる名称にすぎず、名前に対応する霊魂は存在しないという仏教徒の説は受け入れられない考えであった。そこでナーガセーナは車の例をもちだして、王に次々と質問を投げかける。


「大王どの、もしやあなたが車でおいでをでしたのなら、私に車とは何かを述べてください。大王どの、轅《ながえ》が車でしょうか」

「いや、先生、そうではありません」

「車軸が……車輪が……車室が……車台が……軛《くびき》が……軛綱《くびきつな》が……鞭打ち棒が、車ですか」

「いや、先生、そうではありません」

「それでは、大王どの、轅・車軸・車輪・車室・車台・軛・軛綱・鞭打ち棒の総体が、車でしょうか」

「いや、先生、そうではありません」
「そうではない、ということは大王どの、轅・車軸・車輪・車室・車台・軛・軛綱・鞭打ち棒とは別に、車があるというわけですか」
「いや、先生、そうではありません」
（大地原豊「ミリンダ王の問い」、長尾〔編〕一九七九、五四三頁）

大王は「車」という名称を使用する。ならば、その名称が指示する対象がなにかなければならない。ところが、車の構成要素の一つ一つは「車」という名称が指示するものではない。一方、それらの要素を単に寄せ集めたものもまた「車」と呼ばれることはない。こうして「車」という名称が指示する実体がないことを指摘され、答えに窮したミリンダ王は、次のことを認めるにいたる。

「車」とは、轅・車軸・車輪・車室・車台・軛・軛綱・鞭打ち棒に依存して、名称のみのものとして成立するのでございます。（大地原「ミリンダ王の問い」、前掲書、五四四頁より一部改変）

車とは名称のみの存在、すなわち仮象であり、実体的な存在ではない——これはミリンダ王がそれまで慣れ親しんできた実体主義的な世界観の対極を表明している。実体主義的な世界観であれば、この世界の事物にはそれぞれ中心となる実体があり、その基盤となる実体のうえにさまざまな性質や属性が具わると考えられる。人間の場合であれば、霊魂を中心として、そのうえに感情や認識などが性質として属するとされる。
　これに対して、束説の考え方は事物の存在の中核となる実体の存在を認めない。有るのは性質（トロープ）の束である。車という実体は本当は存在せず、存在するのは輹や車軸などの構成要素が人や荷物の運搬という機能をはたすために集まったもの、それがそう呼ばれるにすぎない。同様に、「ナーガセーナ」と呼ばれる実体は存在せず、人間を構成する五蘊の集合だけが存在する。仏教が前提とする世界観では、このように仮象と実在とが峻別される。

仮象／実在　……　ナーガセーナ／五蘊　……　車／輹・車軸など

　仏教では、仮象は「仮設有《けせつう》」（プラジュニャプティ・サット）あるいは「世俗有《せぞくう》」（サンブリティ・サット）と呼ばれる。一方、実在の方は「実有」（ドラヴィヤ・サット）あるいは「勝義有《しょうぎう》」（パラマールタ・サット）と呼ばれる。ただし、この二つの存在は相対的であり、同一の事物あるいは事象がある観点からは仮象とされ、また別の観点からは実在とも見なされる。例えば、右で実在とされる五蘊にしても、さらに分析を重ねて、その実在を否定するレベルまで進むこともできる。そしてそれは、大乗仏教の『般若経』が描く空の世界へとつながるだろう。また、輹や車軸などにしても、それらはさらに細かい部分、究極的には原子にまで分解することができる。原子を実在とする見方からすれば、輹や車軸もまた仮象にすぎない。このように分析の尺度を変えながら複眼的に世界を眺めることで、仏教徒たちは、仮象と実在との境界線そのものも最終的には相対化していくのである。

以上に見た仏教の唯名論的な世界観を踏まえて、知覚対象となる独自相に話をもどそう。リンゴや壺などの具体的個物は行為対象としての独自相であったのだが、知覚の瞬間にフォーカスすれば、それは色や味などの感覚要素の束として捉えられる。つまり、リンゴや壺などは仮象であり、色や味などが実在ということになる。

仮象／実在　……　リンゴ／味や色などの感覚要素の束

具体的個物を構成するこれらの感官的要素は、それぞれに対応する感覚的知覚（視覚知など）を生み出す因果効力を具えている。そして、それらが協働する場合には、共通して一個の個物として受け止められるような因果効力をもつ。この二種類の因果効力は、先述の稲見論文により次のようにまとめられている。

「壺」などと呼ばれる物は色などの複数の原子の集合体であり、これらとは別に単一の壺はない。「壺」という語は、部分とは別の単一の全体を指示するのではなく、その複数の原子の集合体に共通する、水の保持などという一つの結果、それの原因でないものの排除に対してはたらく。ここで述べられる「共通する結果」とは、複数の壺に共通する結果という意味ではなく、一つの壺を構成する色などの複数の要素すべてに共通する一つの結果のことである。また、壺を構成するこの色などの諸要素はそれぞれ固有の結果を生みだす個別の能力ももっている。たとえば、色は視覚知を生ぜしめ、香りは嗅覚知を生ぜしめるといった特有の能力をそれぞれもっている。これが「色」などの語で表示される。

（稲見二〇一二b、八三頁）

仏教認識論が前提とする存在論では、このように原子の集合体が実在の基盤となり、色や香りなどの感覚要素――ロックが言う二次性質に相当する――が個別に視覚知などを生み出すものとされる。また、それらが協働する場合には、具体的個物としての因果効力（目的実現の能力）を有し、それに対する行為の対象と見なされる。このとき、具体的個物が独自相と言われるのと同じように、分析のスケールを変えることで、色などの感覚要素もまた独自相と言われる。

では、色などの感覚要素が独自相とされる場合、その基盤となる原子の集合体との関係はどうなるのか。

ディグナーガがこの問題に取り組んでいるが、その議論を理解するためには、彼に先行するアビダルマ仏教、特に説一切有部《せついっさいうぶ》が考えていた世界観のことを知っておかねばならない。

彼らが目指したのは、ブッダが教えたさまざまな教説をカテゴリーに分類し、それぞれのカテゴリーあるいは存在要素（ダルマ）の体系を構築することであった。その体系は「五蘊・十二処《じゅうにしょ》・十八界《じゅうはちかい》」と呼ばれ、すでに見た五蘊のほかに、十二処――六つの感覚・思考器官（六根《ろっこん》）とその対象（六境）とでブッダの教説をまとめたもの――、および十八界――十二処にさらに六つの認識（六識）を加えたもの——という分類の仕方がある。

この三種の分類、特に人間などの有情《うじょう》の身心の構成要素を機能的に分類する五蘊の見方と、世界の認識のされ方を問題にする十二処や十八界の見方とには隔たりがある。そのため、同じ存在要素でも異なる捉え方がなされる。アビダルマ仏教の研究者である櫻部建の言い方にならえば、外界存在に対しても、「外界の物質的存在自体の分析を語る立場」と「物質的存在として外界が認識把握されるその様相を語る立場」とには違いがある。(5) そして、その相違が知覚対象となる独自相の考察にも少なからぬ影響を与えている。

例えば、十二処の体系に従えば、視覚器官に対応する対象として色（色・形）があるとされるが、それは五蘊の体系に準じて、物質を組成する原子の集合体として理解される。後者の場合には、個々の原子が存在の最小単位となるので、それが物質のカテゴリーにおける真実在となる。つまり、視覚器官が捉える対象では、「視覚器官に捉えられるもの」としての独自相（処の独自相、処自相、アーヤタナ・スヴァ・ラクシャナ）と視覚対象を構成する個々の原子という独自相（実体の独自相、事自相、ドラヴィヤ・スヴァ・ラクシャナ）との二つが重なり合う。

有部《うぶ》による存在理解の二重性は、その後に独自の認識論・存在論の体系を築こうとしていたディグナーガの目には厄介な問題として映ったに違いない。というのも、彼の基本的なアイデアは先に示した通り、知覚の対象は独自相、推理の対象は共通相として両者のあいだを明確に線引きすることにあったからである。ところが、二つの独自相が知覚の対象となり、そのうちの「処の独自相」が共通相とも理解される余地があるとすれば、その線引きそのものが狂ってしまう。

ディグナーガは、従来のアビダルマ仏教の枠組みを逸脱した体系を自らで作り出すという宣言をしてもよかったのかもしれない。しかし、アビダルマの伝統をむげに斥けることはどうやら彼の望むところではなかったらしい。もともとはアビダルマ仏教において存在把握の二重性が混在していたことが問題であったのだから、要はその絡まった糸が解きほぐせればそれでよい。そう考えた彼は、次の三つのテーゼを矛盾なく説明するための方策を探究した。(6)

一、知覚は非概念的な認識である。
二、感覚的知覚の対象（感覚要素）は原子の集合体であるが、個々の原子は目に見えない。
三、感覚的知覚の対象は〈処の独自相〉ともされるが、真の実在は〈実体の独自相〉たる原子である。

ポイントは、個々の原子のレベル（実体の独自相）とそれがひとまとまりとなった感覚要素のレベル（処《しょ》の独自相）との接続を合理的に説明することにある。通常であれば、その接続は概念知の働きから説明される。つまり、概念知は複数の原子の集合体を「これは壺である」などの形でひとまとめにして示すことができる。だが、ディグナーガは自らで知覚を「概念的思考を離れたもの」として定義している以上、概念知の働きを介在させて、両者を結びつけるという説明を与えることはできない。

そこで彼は、「その〔アビダルマ仏教の論書の〕なかでは〔感覚的知覚（五識身）は〕多数の対象

〔諸原子〕から生じるので、〔それぞれの知覚に〕固有の対象に関して、〈共通のもの〉を対象領域とする」（『認識論集成』「知覚」章第四偈後半）と述べ、諸原子こそが知覚対象（処の独自相）の因果的な基盤であることを明確に示すという道を選んだ。知覚は〈処の独自相〉という〈共通のもの〉――青なら青として共通し、黄などとは異なるもの――を対象としているのはその通りだが、それはあくまでも個々の原子と因果的な結びつきをもつという前提があってのことである。ディグナーガは、物質的世界の側にある自然の因果に訴えるかたちで――概念知の働きに依拠することなく――諸原子の集合から〈処の独自相〉が形成されるプロセスを説明づけたと言えるだろう。

ディグナーガの議論を引き継いだダルマキールティは、この「原子の集合体」が形成される因果的プロセスを詳しく考究した。例えば、青の視覚知が生じるプロセスは次のようになる。

今、目の前にある青いものは青の原子から組成されている。それらの諸原子をa、b、cとする。それらは、離在状態のままでは青の視覚知を生み出さないが、集合体になることで目的実現の力をもつようになる。具体的には、aはbやcと近接することで、次の瞬間に別の原子ⓐとして生じる。それは、bやcと近接することでそれまでとは異なる特別な存在となった原子である。同じように、bはaやcと近接することで、次の瞬間に特別な原子ⓑとなる。cも同様にしてⓒとなる。このように相互に結びつくことで特別な存在となった一組のⓐⓑⓒが原子の集合体（原因総体）であり、共通して青の視覚知を結果としてもたらす。先に稲見論文で見た諸要素が協働する場合の因果効力と同じ構図がここにも見られる。

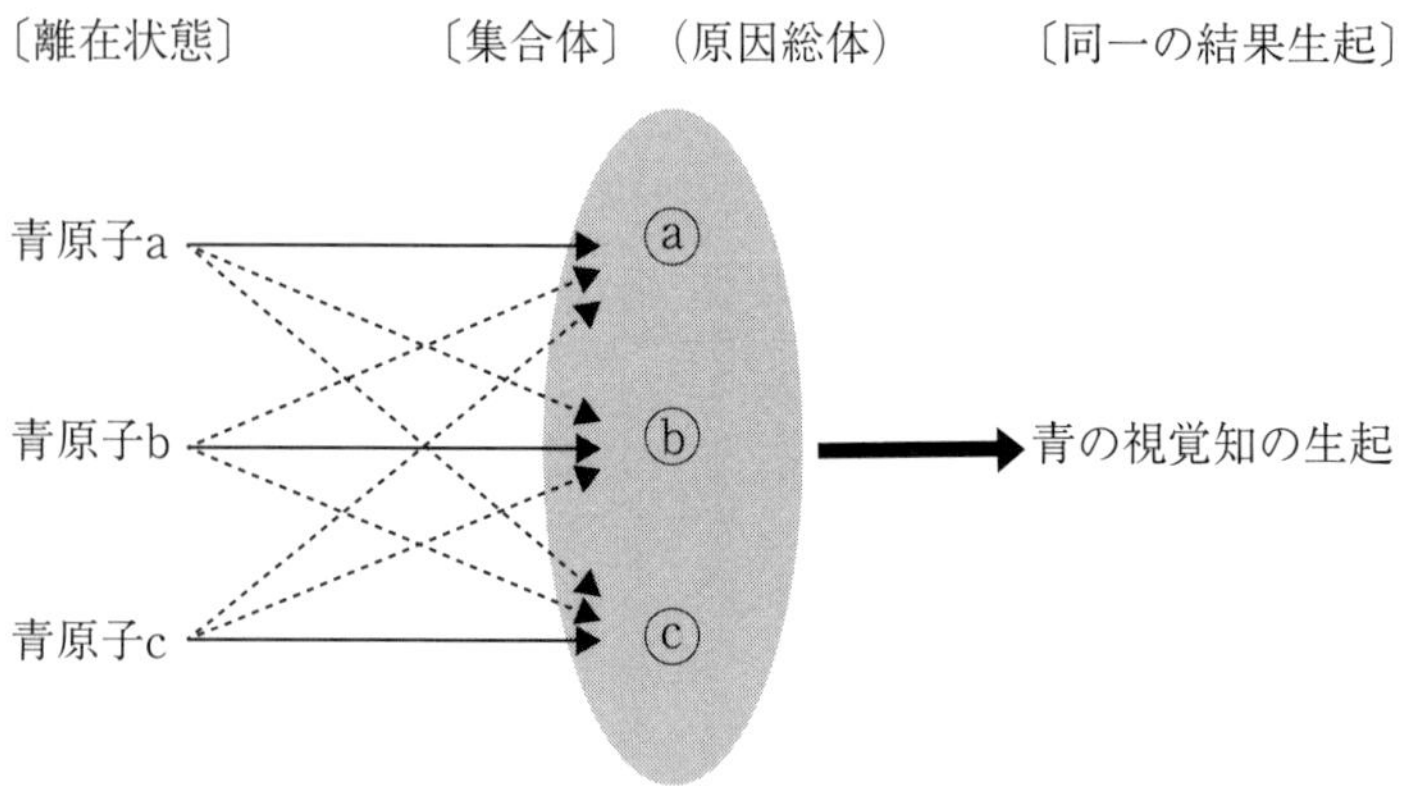

※実線の矢印は同類相続の因果関係を，点線の矢印は協働作用を表す。太線の矢印は同一の結果生起という目的実現（アルタ・クリヤー）の作用を示す。

しかしながら、この記述は知覚の対象を原子レベルの存在に求めているために、「それならば、私たちの知覚はその瞬間に多数の原子それぞれを個々に捉えているのか」という疑問を生む。単一のものが多数のものを同時に捉えるということがはたして可能なのか、というこの問いは、多と一との矛盾と統合をめぐるダルマキールティの仏教哲学の中心問題である多《た》様《よう》不《ふ》二《に》論《ろん》へと最終的にはつながっていくのだが、ここではその点を論じる余裕はない。今は多が一を生じるという観点から、ダルマキールティがこの問題に答えた詩節を見ておきたい。

> あるいは、もし〔相互の近接により〕卓越性が生まれることになった多数の〔諸原子〕が――感覚器官など〔が感官知の原因とされるのと〕と同じように――認識の原因であるとしたところで、なにか矛盾があるだろうか。〔何の矛盾もない。〕

把握対象であるということは、〔認識の〕原因となること以外にはないのである。それら（認識の諸原因）のなかで、認識があるもの（X）の形象をもつのであれば、それ（X）がそれ（認識）の把握対象と言われる。

（『認識論評釈』「知覚」章、第二二三―二二四偈）

ダルマキールティの理解では、知覚とはあくまでも対象の側から主体（認識）の側に向かう因果的作用である。「眼で青を見ている」と言うとき、それは「青が原因となって視覚知を生み出す」ことを指しているのであり、手で物をつかむように、眼がその対象を把握しているのではない。原因性が知覚対象の一つの条件である。

では、視覚知を生み出す原因になれば、それはすべて「対象」なのかと言えば、それは違う。視覚知の原因となる対象、眼、光などのうち、認識に映じる形象（対象像）と相似したものこそが知覚対象である。すなわち、知覚対象には認識内形象との相似性というもう一つの条件がある。

この二条件をそなえたものが知覚対象であり、ダルマキールティにとってそれは――外界実在論を暫定的に認めるかぎりにおいて――原子の集合体に他ならなかった(7)。

ここまで見てきたことからも明らかなように、仏教の実在世界は、それぞれの視点の取り方に応じて変容する多層的な構造をもつ。知覚の対象となる独自相一つとってみても、行為の対象となる具体的個物、感覚要素（処の独自相）、原子（実体の独自相）というように仮象／実在の反転を繰り返しながらスライドする。私たちにとって真に実在すると言えるものは何か。幾度もこの問いを重ねることで、宗教的世界への扉が開かれる。

第三節　宗教的経験における独自相

それでは宗教的世界における実在はどのように理解されるだろうか。ダルマキールティは修行者の直観を知覚の一種として認め、その定義を規定するなかで、この問題を論じている(8)。

修行者の直観は、正しくは「ヨーガ行者の直観」と呼ばれる。「ヨーガ」は精神集中、三昧《さんまい》を意味し、心を一点に集中すること（心一境性《しんいっきょうしょう》）を特徴とする。例えば、不浄観という実践を行うヨーガ行者は、女性を目の前にしたとき、精神集中によりその不浄さをありありと目の前に現出させることで、女性に対する執着から離れることができる。あるいは、他者の心を知るテレパシー、すなわち他心智《たしんち》（他心通《たしんつう》）もヨーガ行者の直観の一種である。通常であれば、他人のことばや振舞いからその内面を推測するわけであるが、ヨーガ行者の場合には、推論ではなく、直観により他心に直接的にアクセスする。この能力があるからこそ、ブッダはあらゆる人々の心の状態を知り、それに合わせた説法ができたわけである。

このようにいくつもの働きがヨーガ行者の直観にはあるが、ダルマキールティがここで論じるのは、概念的思考を離れているという点で知覚の定義を満たし、かつ、欺きのない認識という点でプラマーナの定義を満たした宗教的経験にほかならない。それは次のように記述される。

ヨーガ行者たちもまた、聴聞に由来する認識を通してさまざまな対象を把握して、論理的思考から成る認識によりそれらの対象を確定してから、瞑想するのであるが、それ（瞑想）が完成したときには――ちょうど恐怖を感じる場合がそうであるように――鮮明な現れをもつ認識が生じる。それは、概念的思考を離れたものであり、真実在を対象とするものなので、知覚という正しい認識手段である。例えば、先に『認識論評釈』で述べた四聖諦の知覚のようなものである。

（『認識論決択』「知覚」章、二七頁）

仏教の智慧を体得するためには、前提としてブッダの教えを聴聞し学習すること、その学んだ内容を自らの思索において吟味検証すること、そして、思索し正しいものとして受け止めた事柄を繰り返し心に思い描き、瞑想することという三段階のステップが必要になる。その瞑想の最終局面において心にありありとその対象が現出する状態が「ヨーガ行者の直観」に相当する。

ダルマキールティは、このヨーガ行者の直観の範例をブッダによる四聖諦の直観に求める。ヨーガ行者の直観とは、ブッダが悟りまでにたどった道を追体験しながら、彼が説いた真実在である四聖諦――苦しみの真理（苦諦《くたい》）・苦しみの原因の真理（集諦《じったい》）・苦しみが滅した状態の真理（滅諦《めったい》）・それに至る実践の真理（道諦《どうたい》）――をありのままに見ることにほかならない。

だが、四聖諦がヨーガ行者の直観の対象であるとするならば、はたしてそれが「独自相」と呼ばれるべきものか、という点は疑問である。というのも、例えば苦諦の四相の一つである無常性を例にとれば、それは瞬間的な存在者である独自相と言うよりもむしろ普遍的に成り立つ共通相と考える方が自然だからである。無常性は、「人間は無常である」「壺は無常である」など、個々の事物に共通に具わる属性であり、あくまでも観念的なレベルで捉えられるものにすぎない。

ヨーガ行者の直観の前提となる聴聞・思惟・瞑想のそれぞれの段階では、無常性は一貫して共通相として考えられている。ヨーガ行者は「諸行無常」というブッダの教説を聴聞した後、自らの頭でこの教説の妥当性を論理的に吟味する。聴聞はことばを通した認識であるから、その対象は共通相であり、推論を通したその吟味も概念知の働きによるものだから、同じく共通相を対象とする。その次の段階では、無常性が何度も心に観察され、精神集中される対象となる。瞑想は意（マナス）という思考器官をよりどころとする概念的な認識であるゆえに、瞑想の対象も共通相である。

そして、瞑想が極限まで高まった最後の瞬間に、無常性は直観の対象、すなわち独自相となる。それでは、共通相から独自相への転換をどのように理解すればよいのだろうか。

聴聞（概念知―共通相）→思惟（概念知―共通相）→瞑想（概念知―共通相）
→直観（非概念知―独自相）

この問題を考えるにあたり、インド仏教最後期にあたる十二世紀に活躍したモークシャーカラグプタの『論理のことば』に記された次の問答が参考になる。

〔問〕　いったいに、瞑想というものは一種の概念的思惟である。そして、概念的思惟は実在するものを対象としない。だから〔瞑想によって〕実在するものがありありと現れることがどうしてありうるのか。

〔答〕　概念的思惟は本来、実在するものを対象とするのではないが、しかし、実在するものを構想するのである。そのために、瞑想にもとづいて実在するものもありありと現れてくるのである。

〔問〕　どうして概念的思惟が非概念的なものに変わりうるのか。

〔答〕　われわれは、概念的思惟そのものが非概念的であると言うのではなくて、概念的思惟から非概念〔的知覚〕が生じてくると言っているのである。実際、恋愛や深い悲しみなどのために激しく思いつめている人に、概念的思惟の領域を超えて、〔恋人などの〕姿が目に見えてくることがある。それはわれわれの経験によって実証されている。そのように、実際に経験されていることには、なんらの不合理性も指摘されるべきではない(9)。

（梶山雄一「認識と論理（タルカバーシャー）」、長尾〔編〕一九七八、四七二―四七三頁より一部改変）

ダルマキールティの認識論の体系では、非概念知である知覚は今ここにある実在そのものを捉えるのに対して、概念知の方は実在の世界をことばや概念によって分節化して捉える作用であるから、実在そのものと触れ合うことができない。そうであるなら、ヨーガ行者の直観はもともと瞑想という概念知を基盤として成り立つのだから、瞑想をどれだけ繰り返そうとも、実在の世界には触れ得ないはずである。仮にヨーガ行者の直観では、概念知から非概念知への転換が認められるにしても、そのときに、概念知のレベルで捉えられることになった実在が、突如として、鮮明に心に顕現するということがはたしてありうるだろうか。これが最初の問いである。

この問いに対する答えでは、概念知における〈アディヤヴァサーヤ〉の働きにフォーカスされる。引用文で「構想」と訳されたこの特別な心理作用については次章で主題とするが、簡略に言えば、これは認識に映じた形象をあたかも本当の対象であるかのように思いなし、実体化する作用のことである。あるいは、無いものを「有る」として執着を生み出す心の働きと言ってもよい。こう言うと、いかにもネガティブな印象を与えるかもしれないが、この心の働きがあるからこそ、私たちの日常世界（行為対象の世界）が成立していることを忘れてはならない。先に見た通り、私たちは色などの感覚要素の束をリンゴなどの具体的個物と見なして行動するのだが、この具体的個物も実体視の働きで構想されたものだからである。

瞑想という概念知にも同じく実体視に類した働きがある。瞑想の原語〈バーヴァナー〉（bhāvanā）は「存在する」を意味する動詞〈ブー〉（bhū）の使役形から派生した名詞であり、その原意を汲み取れば、「現前化作用」と訳してもよい。平たく言えば、目の前に何かを現出させる心の働き。繰り返し繰り返し同じ対象を心のなかに思いつめていくことで、例えば恋焦がれる相手の姿があたかも目の前にいるかのようにありありと現れる。あるいは深い悲嘆にくれながら、早世した息子に思いを馳せるうち、彼が眼前に蘇ったかのように現れる。こういった幻覚もまた現前化作用のなせるわざである。

愛欲・憂い・恐怖のための心の乱れ・盗賊の夢などのために錯乱している者たちは、現実に存在しないものであっても、あたかも目の前にあるかのようにして見る。

（『認識論評釈』「知覚」章、第二八二偈）

大切なのは、反復すること。反復し、習慣化することによって心に描き出された対象イメージはますます堅固になり、現実の対象と見分けがつかないほどにクリアなものに変わっていく。今、こうして紙面のうえに見ている文字の連なりにしても、本来は白い紙のうえにのったインクの染みにすぎない。しかし、繰り返し文字の形を覚え、特定のインクの染みを特定の文字として読み取ることに慣れてしまっているために、もはやそれをインクの染みとして見ることの方が難しい。

私たちの心は、ともすればそれまでに馴染んだ考えにしたがってしまうのが常である。「諸行無常」の教説にしても、一度聞いてなるほどと思っただけでは、そのことをすぐに忘れ、明日も命は長らえる、という反‐無常の考えに引き戻されてしまう。無常性を瞑想するということは、繰り返し何度も「諸行無常」のテーゼを心に念じ、特定のインクの染みが特定の文字にしか見えなくなるように、世界の見方をそうとしか見えなくなるように固定化することにほかならない。

その固定化のためには、鮮烈で明瞭な対象イメージを練り上げ、目の前に対象そのものを現出させる必要がある。だが、概念知はことばや概念による分節化の網の目を通すために、対象をありありと現前化させはしない。今、目の前にリンゴがあるときに、それを直接目にして心に浮かぶリンゴのイメージと、「リンゴ」ということばを聞いて想起するときのリンゴのイメージとでは、明らかに違いがある。ことばや概念は、その対象の一般的なイメージを喚起することはできても、目の前に現存する対象が与える個別的できめ細やかなイメージをその通りに再現することはできないからである。ダルマキールティは次のように述べる。

概念的思考と結びついた認識が対象をありありと顕現することはない。

（『認識論評釈』「知覚」章、第二八二偈前半）

だとすれば、瞑想とは、認識内部に映じる形象をありありを現前化させるために、物事を概念的に分節化しただけの、いわばドット絵のような粗削りのイメージから、解像度をあげて、きめ細やかな像を作り出すプロセスと言えるかもしれない。例えば不浄観では、死体が腐り白骨化するまでのプロセスが細かく観想される。

身体は、骨と筋とによってつながれ、深皮と肉とで塗られ、表皮に覆われていて、ありのままに見られることがない。
身体は腸に充ち、胃に充ち、肝臓の塊・膀胱・心臓・肺臓・腎臓・脾臓あり、鼻汁、粘液、汗、脂肪、血、関節液、胆汁、膏《あぶら》がある。
またその九つの孔からは、つねに不浄物が流れている。眼から目やに、耳からは耳垢、鼻からは鼻汁、口からは或るときは胆汁を吐き、或るときは痰を吐く。全身からは汗と垢とを排泄する。

またその頭（頭蓋骨）は空洞であり、脳髄にみちている。しかるに愚か者は無明に誘われて、身体を清らかなものだと思いなす。

また身体が死んで臥すときには、膨れて、青黒くなり、墓場に棄てられて、親族もこれを顧みない。

犬や野狐や狼や虫類がこれをくらい、烏や鷲やその他の生き物がこれを啄《ついば》む。

この世において智慧ある修行者は、ブッダの言葉を聞いて、このことを完全に了解する。何となれば、かれはあるがままに見るからである。（『スッタニパータ』中村訳、一九四―二〇二）

強烈なことばである。ブッダは、このように語ることで、一見すると美しく見える人の姿に対しても、不浄観を実践することで、そのありのままの不浄な姿が目の当たりにされると説く。ただし、そのようにして現出した不浄な姿は、その通りに存在しているわけではない非真実の対象である。また、瞑想対象の一種である十遍処《じっぺんしょ》の最初にあげられる地遍処に関しては、観想により、間隙なく遍満する大地をありありと現前に現し出すことができる。そのような大地は現実には存在しないから、これもまた非真実の対象に違いない。

ダルマキールティは不浄観にせよ、地遍の観想にせよ、いずれも幻覚と同じようにありありとその対象を眼前に現し出すものの、実在と合致する正しい認識手段ではないと述べる。つまり、同じヨーガ行者の認識であっても、無常性など四諦十六行相を対象とする場合と、不浄観などの場合とでは、〈欺きのなさ〉の点で明確に区別されなければならない。

……それゆえ，真実在であれ非真実のものであれ、およそ瞑想され心に映じるものであれば、瞑想が完成するときに、それは鮮明な無分別知を結果として生み出す。そのうち，先述した実在（四聖諦など）に関する〔ヨーガ行者の認識〕のように，繰り返しの瞑想から生じた，欺くことのないそれ（認識）が正しい認識手段たる知覚であると認められる。それ以外は錯誤知である。

（『認識論評釈』「知覚」章、第二八五―二八六偈）

正しい認識手段としてのヨーガ行者の直観を単なる幻覚や不浄観などと分かつもの、それが〈欺きのなさ〉である。前者は実在と対応するが、後者は対応しない。例えば，幻覚の例としてよく出されるマクベスの短剣（シェイクスピアが描いた悲劇『マクベス』で、主人公のマクベスに現れる血塗られた短剣）が幻覚であるのは、実際には、そこに血塗られた短剣はないからである。実在との非対応が、幻覚を幻覚たらしめている。

ヨーガ行者の直観も、心の働きにより対象をありありと現前化するという点では幻覚に等しい。だが、それは幻覚とは異なり、実在の世界に基盤をもつ。無常性をはじめとする四諦十六行相は、ヨーガ行者の心に映じるだけの対象ではなく、実在の側でその通りに成立している。だからこそ、それは共通相（概念知の対象）ではなく、独自相（直観されるべき対象）と言われるのである。

例えば無常性は、ブッダのことばを通して共通相として聴聞・思惟・瞑想される対象でもあるが、それはまた、この世界の諸事物と不可分の真実在として成立している独自相でもある。聴聞し、思惟し、瞑想されている段階では、概念的思考が働いているために、無常性と言ってもそれは実在の諸事物とは異なる何か抽象的なものとして考えられている。だが、それは無常性の真実ではない。無常性とは個々の事物と不可分に成立する、きわめて具体的な実在なのである。ダルマキールティの次の詩節によれば、ヨーガ行者たちは個々の事物を見るときに無常性などの全行相を直観する。

偉大な知をもつ者たち〔ヨーガ行者たち〕は、知覚を通して〔無常性などの〕全行相を確定する。
（『認識論評釈』「知覚」章、第一〇七偈）

無常性を直観することのできない通常の人々のために、無常性の証明、刹那滅の証明が説かれる。だが、ヨーガ行者は推理ではなく、知覚により無常性などをありのままに知る。実在の世界で事物の本質として成立している無常性を、あたかも一つの抽象的概念であるかのように考えてしまうことがそもそもの迷妄であり、瞑想により概念的思考の迷妄から離れていくことで、無常性はふたたび実在の本質として、ヨーガ行者の眼前にありありとその姿を現すのである。(10)

第四節　独自相の多重性

最後にこれまでの考察を振り返りながら、ダルマキールティが想定した独自相の体系をまとめておこう。

一、行為対象のレベル――時間持続体として実体視されたもの
二、知覚対象のレベル――瞬間的な感覚要素の束／原子の集合体／処の独自相
三、宗教実践のレベル――瞑想により現前化される四聖諦

私たちの日常世界は、行為対象のレベルの独自相で成り立つ。しかしこの日常世界の実在は、仏教徒の分析を通して、私たちの執着が生み出した仮象、一つの物語世界にすぎないことが明らかになる。具体的個物の実相は、よりミクロの瞬間的な感覚要素あるいは原子の集合体に求められなければならない。これが知覚対象のレベルにおける独自相であり、個々の要素あるいは原子が協働して因果的作用をなす点に特徴がある。仏教が説く縁起的世界が、微細なかたちでここに成立している。

これに対して、宗教実践のレベルでは、行為対象のレベルと並行するようにしてもう一つの世界が前提とされる。それが四聖諦を中心とするブッダの教説が描く世界である。四聖諦とは、ブッダ

によって見出され、彼をフォローする仏教徒たちの共同体によって共有される宗教的リアリティ。日常的世界（行為対象の世界）が私たちの執着により仮構されて編み出された物語世界だとすれば、仏教徒たちの世界は無執着の観点から創出された新たな物語世界と言えようか。その世界では、ブッダの説く原理こそが個々の事物に普遍妥当する。それは無常性であったり、苦性であったり、無我性であったりするだろう。ヨーガ行者の直観に現れる対象は、この宗教的実践のレベルでの独自相である。

以上が独自相の概観であるが、最後に一点だけ補足しておきたい。それはこれら三種の独自相をさらに根底で支えるはずの四番目の独自相についてである。ダルマキールティ自身のことばからは確認することができないのだが、彼に後続する註釈者たちのなかには、「認識の相」（ジュニャーナ・ルーパ）もまた独自相とする記述が散見される。例えば、ティミラ眼病者（飛蚊症患者）に映じる髪の毛のイメージをめぐって、その認識は実在する対象をもつことはないが、当人にはありありとその髪の毛が現れていることから、認識の相としては知覚対象となる、というダルマキールティの記述がある。これに対して、註釈者マノーラタナンディンは、「認識の相」を「認識の形象としての独自相」とパラフレーズする。また、別の註釈者プラジュニャーカラグプタもそれを「自己認識という知覚の対象」と解説する。(11) これらの註釈者の理解にしたがえば、自己認識（認識それ自体を再帰的に捉える認識）で捉えられる認識内部の形象もまた「独自相」と呼ばれることになる。すなわち、

四、自己認識のレベル——認識内部に現れる形象（対象像）

唯識的な存在論にもつながるこの形象としての独自相についても考察を尽くすべきであるが、前章で重要な論点は取り上げたので、詳しくはそちらを参照されたい。

第五章　構想力と実体視

はじめに

知覚には思考がこもっていると言ったのは大森荘蔵である。大森が放送大学の教科書として執筆した『思考と論理』（一九八六年）では、思考は「思い」と言い換えられ、五感による日常的な知覚にはいつも入り込んでいると指摘される。

知覚の中にあっては「知覚される対象」として「事物」がある。知覚は一連の走馬灯ではなくして、これら事物の知覚なのである。これら事物、例えば机とか樹木とかは単に一回の知覚では特定の視点からの瞬間的視覚の姿を「垣間見る」に過ぎない。しかし、それらは「持続する物」、つまり、「ずっと前からそこに在り、ずっと将来もそこに在るだろう」と「考えられた」ものの一瞬の姿として見られる。これは机や樹木に限らず我々の身辺の固型物の大半について

同じことが言える。（大森二〇一五a、二九―三〇頁）

私たちが周囲に目を向け、さまざまな事物を知覚するとき、たとえそれが瞬時の知覚であっても、その対象は時間的に持続するものとして捉えられる。時間的な持続は、この今の瞬間の知覚にとっては現存しないもの、つまり思考（記憶）の産物である。私たちは知覚のなかに存在しないものを思考（記憶）によって補いながら経験を紡いでいる。

さらに大森は、知覚に込められた思考の働きにより、事物の同一性が担保されることも指摘している。また、こちら側からは表面しか見えない机や椅子について、背面があり、立体的であることが分かるのも、知覚に込められた思考の働きのおかげである。

知覚と思考とが不可離の関係にあることは、後に立ち現れ一元論として練り上げられる大森の議論において、繰り返し主題とされてきた。その議論の詳細を追うことは――例えば、唯識思想との比較という観点からは魅力的な学説であるに違いないが――本章の目的とは異なる。ここで取り上げるのはあくまでも「知覚に込められた思考」の原理である。この原理は、認識－加工モデルの批判の場面で特に力説される。

認識－加工モデルとは、知覚には最初に無垢な素材（センスデータなど）が与えられ、次の段階でその素材に対する知的加工が施されるという見方である。純粋知覚と思考、感性的なものと知性的なものとに段階をつける考えを、大森は認めない。

……見えることと判断とは、たとい権利問題としても分離することはできない。判断から絶縁され、解釈から漂白された、純粋にただ見えるもの、そういうものはないのである。感性的なものと知性的なものとを、たとえ理論的(?)にでも分離することはできない。感性的なものはつねにまた知性的なものである。

(大森一九八二、四七頁)

大森が批判対象として想定するのは、「直観の多様が想像力と悟性によって結合され綜合される、という構図」を提示したカントをはじめ、フッサールから現代生理学における脳内の情報処理モデルまで多岐にわたる。彼らは何かが単に見えるという段階と、その何かに対して特定の意味や解釈が付与される段階とを区別する。大森の考えではしかし、何かが単に見えるという、思考から完全に独立した知覚経験は不可能である。その何かもまた、あらかじめ意味づけされ、解釈されたものに違いないからである。

だが、仏教哲学の観点からは、この二段階はどうしても区別しておかねばならない。というのも仏教は、「知性的なもの」や「思考」と言われるものを一種の執着として捉えており、理想的な知覚を概念や思考を離れた純粋知覚の状態に求めるからである。執着を離れ、あらゆる意味付与や解釈から自由になった純粋知覚を「無分別知」と呼ぶ。「分別」とは概念的思考のことである。つまり、仏教徒から見た大森の議論は、あくまでも無分別知の世界を捨象し、その可能性を否定してはじめて成立する内容を述べていることになる。

ここで、思考や思いが執着の一種であることに戸惑いをおぼえる人もいるかもしれない。なるほど「思考」や「思い」という表現に、普通はネガティブなニュアンスを認めることは少ない。だが、仏教は違う。事物を概念的に分節化する意識の働きが、欲望などの種々の煩悩の原因となると考えるからである。例えば、「私」と言う概念を学ぶことで、「私」と「あなた」、「我々」と「彼ら」が区別され、そこから自己の所有に対する執着などが生じてくる。「スマートフォン」という概念からさらに細分化された商品名が頭に浮かぶようになれば、その最新型の機種がどうしても欲しくてたまらなくなる。執着の根元に概念的思考があるというのは、そういうことである。

では、そろそろ本題に入ることにしよう。

この章で私たちが取り組むのは、「知覚に込められた思い」をめぐるダルマキールティと後継者たちとの議論の分析である。彼らの術語で、このような「思い」は〈アディヤヴァサーヤ〉(adhyavasāya)と呼ばれる。この語は「知覚判断」「判断」「断定」などと訳されることも多いが、執着としてのニュアンスを出すために「実体視」という訳をここでは提示しておきたい。「同一錯視」「思いなし」(福田洋一)あるいは「リアライゼーション」(谷貞志)という訳語を念頭に置きながら、私なりに考えた末の訳語である。それが適切かどうかは、以下の論述を読んで、各々でご判断いただきたい(1)。

第一節　実体視とは何か

最初にダルマキールティが説く実体視の働きから確認していくことにしよう。福田洋一はその特徴を次のようにまとめている。

一、アディヤヴァサーヤは、すべての分別知に必須の契機として含まれている働きである。〔従って分別知とイコールではなく、分別知の働きの一部である。〕

二、それ自体は常に錯誤したものである。〔従って判断や決定などとは言えない。〕

三、分別知には普遍的なものとしての諸対象が現れる。それらは意識内存在であるにもかかわらず、外界のものであるかのように単一のものを把握しているかのように現れているという意味で錯誤している。分別知は、それらを現れている通りの存在であるとアディヤヴァサーヤする。〔したがって、アディヤヴァサーヤは、それ自体としては主語と述語を必要とする判断や二つのものの同定ではない。〕

四、分別知上の対象を外界の対象であるとアディヤヴァサーヤして、はじめて人は外界の対象に向かってゆく。

五、アディヤヴァサーヤ自体は錯誤しているが、その分別知自体が外界の実在に存在を束縛されている場合には、外界の実在対象に対して斉合性を有する。

六、アディヤヴァサーヤの対象、すなわちアディヤヴァセーヤ（adhyavaseya）ないしはシェンユル（zhen yul）は、存在する場合〔例えば壺〕もあるし、存在しない場合〔兎の角ないしはこの場に存在しない壺、錯誤知の対象〕もある。しかし、いずれの場合にもアディヤヴァサーヤという働き自体は存在する。

（福田 一九九九。サンスクリット語やチベット語のカタカナ表記は引用者による）

以上に列挙された特質を勘案すれば、概念知（分別知）の一種でありながら、特に対象措定に深く関与する働きをなす心の作用が実体視（アディヤヴァサーヤ）と呼ばれることが理解されよう。概念知に映じる共通相をあたかも本当の「対象」であるかのように思い、その共通相を「対象」として措定すること。人々はこのような実体視を知らず知らずに重ねることで、自分たちの周りにある事物があたかも最初からそのような実体として存在したものと思い込み、日常活動を行っている。

だが、二で言われる通り、このような実体視は錯誤知の一種であることを忘れてはならない。錯誤知は「非XをXと見なす認識」と定式化される。陽炎を水と見たり、柳を幽霊と見る錯覚が典型例であるが、私たちの日常的な知覚にも錯誤知の要素が入り込んでいる。瞬間的なものを持続的なものとして措定することもその一つである。詳しくは後に考察することになるが、持続的な個体としての外界対象は、知覚に込められた実体視の働きによって仮構された存在である。

まずはこれらの点をおさえたうえで、以下では、ダルマキールティ自身の記述にも目を向けながら、実体視の働きをもう少し細かく見ていくことにしたい。

1　概念知と実体視

ディグナーガ以来の仏教認識論の定義では、知覚は概念的思考を離れた認識、いわゆる無分別知として規定される。「毫《ごう》も思慮分別を加えない、真に経験其儘《そのまま》の状態」と言われたのは、西田幾多郎の純粋経験であるが、その定義は仏教の知覚に対してもよく合致する。純粋な知覚とは、対象を目の前にしたその瞬間（刹那）の経験であり、認識内部にその対象の知覚像（形象）が形成されることを指す。この段階では、対象を概念によって分節化する認識は働いていない。

しかし、私たちの日常的な経験を振り返ってみれば、このような無分別知の働きはほとんど自覚されない。私の目の前にはパソコンが置かれ、その前には何冊かの本が拡げられている。居間のテレビからはユーチューブの配信でジャズの音楽が流れている。窓からは明るい陽射しが差し込み、レースのカーテン越しに隣の家の駐車場が見える。毎日かわりばえのしない風景を眺めるときの私の認識は、「無分別知」と呼ばれるような何かだろうか。おそらく、そうではない。

概念に介在された認識のことを「概念知」（分別知）と呼ぶとすれば、日常的な経験のほとんどは概念知に分類される。パソコンにせよ、本にせよ、音楽にせよ、それらを認識しているときに、単に対象と感覚器官との接触から受動的にその対象の認識が形成されているわけではない。そのパソコンに対する過去の直接経験とそれが残した潜在印象、過去に経験された同類の対象の想起、そしてその対象に関するカテゴリー分類など、複数の要素がバックグラウンドで働くことで、日常的な知覚経験は成立している。目の前にある物体を「パソコン」として認識すること――言ってしまえば、これが日常的な知覚経験であるが――、この経験を分析していくと、パソコン一般〔共通相〕として意識に映じる対象を、今ここにある特定の対象〔独自相、具体的個物〕へと変換する心の働きが、日常的な知覚経験を成立させる重要な要因になっていることが分かる。

では、ダルマキールティ自身が実体視のことをどのように述べているか、以下に彼のことばを引用しておこう。ただし、最初の引用文は難解であり、一読しただけでは意味が取りづらいかもしれない。内容については続いて解説するので、まずは彼自身のことばに触れ、その独特の思索のスタイルを感じ取っていただきたい。

概念知というものは、実在の本質を捉える新得経験が残した潜在印象に依拠して生じてくる。その実在を対象としていないにもかかわらず、あたかもそれを対象としているかのようにして。もともとはその〔実在〕の新得経験が残した潜在印象から生じたものであるから、〔概念知は〕その〔実在の〕存在を実体視している。同一の結果を生み出す諸事物から〔間接的に〕生じたものであるから、あたかも同一の対象を把握しているかのようである。実際には同類のものとも異類のものとも異なる諸個物に関して〔それらを一括りにする〕共通の形象が〔概念知に映じている〕。そのような概念知に、あたかも「外界対象」のように、「単一のもの」であるかのように、――実際には目的実現の作用をもたないにもかかわらず――「目的実現の作用をもつもの」のようにして対象の形象が現れている。〔なぜそう言えるのかと言えば、〕日常的な活動をなす人々はそのように〔対象を〕実体視して行為を開始しているからである。それ以外の仕

方で人々が行為を開始することは不可能なのだから。(2)

（『認識論評釈自註』四二頁）

〔推理知は本来的には〕錯誤知であるが、正しい認識手段に数えられる。それ自身に顕現している対象ならざるもの（対象像）を「対象」と実体視することで人は行動を開始するのだから、〔間接的に〕対象と結びついており、それを逸脱することはないからである。(3)

（『認識論決択』「自己のための推理」章、四六頁）

ここでの共通した論点は、人間の日常的な行動の場面で働く概念知には、実体視という作用があり、それにより、認識内部の形象があたかも外部対象（行為対象）であるかのようにみなされる、ということである。

最初の引用文では、このような概念知の働きの前提要件として、先行する知覚経験とそれが残した潜在印象の覚醒が挙げられている。これはつまり、日常的な経験のほとんどは、過去に繰り返し経験したことによって習慣づけられた見方から離れられないということである。仏教では、それぞれの経験はそれぞれの潜在印象を心のなかに残し、その潜在印象がしかるべき時に覚醒すると言われる。昨日、一昨日、その前と、過去に見たパソコンの潜在印象はそのつど私の心に積み重ねられており、今日、目の前のこの物体を見たときに、それらの潜在印象が覚醒し、「パソコン」という概念知を生み出したのである。その概念知には対象の形象（共通相）が現れているわけだが、人はそれをあたかも外界の具体的個物であるかのように思い込む。これが、私たちの日常的な認識（世《せ》俗有知《ぞくうち》）の発生プロセスである。

それに対して二番目の引用文は、概念知のなかでも特に推理にフォーカスをあわせた説明である。例えば、向こうの山から立ち昇る煙を見て、その山に火があることを推理する際、その推理知は概念知であり、火一般（共通相）を対象とする。それは実在する火そのものの認識ではないために、錯誤知の一種に分類される。それでも人はその火一般を、自らがこれから向かう先にある具体的個物としての火（独自相）として実体視して、行為を開始する。そして、火と煙とのあいだには必然的な関係（因果関係）が成り立つ以上、その人はその実在を目にしていなくても、推理に従って行為を起こせば、確実にその火を手にすることができる。このような意味で、推理は正しい認識手段（実在との対応関係をもつ認識）とみなされる。

大森は、知覚に込められる「思い」を「虚想」と言い換え、それが「この現実世界の現実そのものを支える実の働き」（大森二〇一五b、三二二頁）であると指摘しているが、これはそのままダルマキールティの実体視の議論にも当てはまる。現実が現実である所以は、認識者に本来的に具わる錯視の構造のなかにある。

では、このような実体視の考えに関して、西洋哲学にそれと類似した思想を見出すことができるだろうか。現代であれば、観察の理論負荷性であったり、知覚の概念主義であったり、さまざまな場面で知覚と思考との密接なつながりが論じられている。そして、その歴史を遡れば、「内容なき思想は空虚であり、概念なき直観は盲目である」のフレーズで有名なカントの哲学にも同様の発想を見てとることができるだろう。とりわけカントの構想力（Einbildungskraft）をめぐる一連の思索は、ダルマキールティの実体視をめぐる思索と共鳴する点が多くふくまれている。そこで次節では、両者の概念を比較しながら、実体視の哲学的な含意をより精確に見定めることにしたい。

第二節　シチェルバツコイ『仏教論理学』の再評価——カントの構想力との比較

二十世紀初頭にダルマキールティ研究を開花させたフョードル・シチェルバツコイは、大著『仏教論理学』（*Buddhist Logic*）において、ダルマキールティの思想体系をカントの哲学に比すべきものとして比較思想的な考察を展開した。

なにしろ今から百年前の仕事である。最新の仏教認識論・論理学の研究成果から見れば、この著作には随所に訂正すべき箇所が数多くある。だが、それでもやはり、圧倒的な知識量で仏教認識論の文献を渉猟し、西洋哲学との比較を通して、仏教哲学の可能性を示したシチェルバツコイの仕事には独特の凄みがある。時代の流れのなかで風化させてよい仕事ではない。

『仏教論理学』は二巻からなる。先に公刊された第一巻には、ダルマキールティの『論理の雫《しずく》』とそれに対するダルモーッタラの註釈の英訳、およびニヤーヤ学派のヴァーチャスパティ・ミシュラのテキストに見られる仏教の知覚論や意知覚論、唯名論（アポーハ論）などに関する議論をまとめた補遺が収められる。それに対して第一巻には、仏教認識論・論理学の歴史と展開をまとめた序論、シチェルバツコイが独自の観点から体系的に整理し直した仏教認識論・論理学の主要な教義の大綱および結論が示されている。第一巻の目次は以下の通り。

序　論
第一部　実在と知識
第二部　感性界
　第一章　刹那滅論
　第二章　因果論
　第三章　感覚的知覚
　第四章　真実在
第三部　構成された世界
　第一章　判断
　第二章　推理
　第三章　三段論法
　第四章　論理的誤謬
第四部　否定
　第一章　否定的判断
　第二章　矛盾律
　第三章　普遍

第四章　弁証論
第五部　外部世界の現実性
結　論

シチェルバツコイは私たちが正しい認識手段の二種として呼んできた「知覚」と「推理」をそれぞれ「感性」（sensibility）と「悟性」（understanding）と呼ぶ。言うまでもなくこれはカントの術語を意識した用語法である。さらに彼は、私たちが「概念的思考」（分別知）と呼ぶものを「知覚判断」（perceptual judgement）、「構想力」（imagination）、あるいは「生産的構想力」（productive imagination）と呼ぶ。このうちの最後のものはカントに固有の術語である。

先に見たように、仏教認識論では知覚には実体視が付随し、そのおかげで、人間は行為対象を措定し、それに対する行為を開始することができると言われる。シチェルバツコイの目には、この考えはまさにカントの「概念なき直観は盲目である」と一致する見解と映ったに違いない。

「概念なき直観は盲目である」とカントは言う。仏教徒はそれに対して「概念がなく、ただ純粋な感覚しかないとすれば、何に対して行為を開始し、何に対して行為を停止すべきなのかが誰にも分からなくなる」と述べる。（Stcherbatsky 1962, vol. 1: 178）

では、カントの哲学と比較することで、ダルマキールティの知覚論、特にその実体視をめぐる議論にはどのような光が当てられることになるだろうか。シチェルバツコイの考察を参考にしながら、この点をしばらく考えてみることにしたい。

1　カントにおける生産的構想力

周知のようにカントは『純粋理性批判』において、人間の経験の源泉を感性と悟性の二つに求めている。感性は五感を通して対象を受容する能力であり、悟性は概念・カテゴリーによって対象を思考する能力である。この二つの能力をつなぐ役割を担うのが構想力であるが、カント自身も註記するように、当時の心理学者などにとって構想力（想像力）とは、「再生産の作用」、つまり何かを想起したり、空想したりするときに使用される能力にすぎず、それが人間の経験に不可欠な働きであるとは考えられていなかった。これに対してカントは、構想力には「生産的構想力」の働きがあり、私たちの認識の背後で――ア・プリオリに――機能しつづけるこの構想力の働きが、感性と悟性との総合を可能にしているのだと論じている(4)。

構想力はそれゆえ、一つのア・プリオリな総合の能力であって、そのためにわれわれはそれに生産的構想力という名称を与えるのである。さらに、それが、現象のすべての多様なものに関して、現象の総合における必然的統一以上の何ものをも意図しないかぎり、この必然的統一は構想力の超越論的機能と名づけられうる。それゆえ、一見ひとの意表を衝くことではあるが、しかしそれにもかかわらず、これまでに述べたことからしてなんとしても明白なことは、構想力のこの超越論的機能を介してのみ、諸現象の親和性すら、それとともに連想も、最後に、この連想をつうじて、諸法則にしたがう再生産も、したがって経験自身も可能となるというのである。というのは、構想力のこの超越論的機能なしでは、対象についての諸概念が合流して一つの経験となることは全然ないであろうからである。

（Kant［KRV: A123］、翻訳は坂部二〇〇六、三七〇—三七一頁による）

カントは、私たちの認識が感性と悟性との協働によって成り立つことを、認識構造の分析を通して明らかにしてゆく。感性の側からその協働の実際を描くとすれば、まずは感覚に多様なものがカオスの状態で与えられるのに対して、それを直観において一つの形象にまとめあげる働きがある。次に、構想力（想像力）の働きにより、今は存在しない過去の対象のことを連想し、継起する対象像の連鎖を持続的な対象としてまとめあげる。最後に、概念的思考において、多様なもの、連想されたものがすべて総合的に統一され、特定の対象の認識が成立する。そのままでは個々ばらばらであるものを、規則により、あるいは概念の枠組みにより型にはめることで、私たちはその対象を認識する。このとき、その対象の同一性を担保するものは、経験に先立って与えられるところの超越論的な統覚である。

しかしカントは、このような対象の統一を可能にしているものを、もう一つ別の能力にも求めていた。それが生産的構想力である。私たちの五感が感知する多様でカオス的な情報の渦のなかから、特定の対象を一つの形象として浮かび上がらせ、意識においてそれを持続する同一の個体として統一することができるのは、この生産的構想力の働きによる。

ただし、生産的構想力の働きによって、多様な現象の流れに統一が与えられ、一つの形象が作り出されるにせよ、そこには悟性のカテゴリーが関与していなければならない。だが、悟性のカテゴリーは普遍的なものであり、感性の領域にある個別的で具体的な対象にはそのままの形では適用できない。そこでカントは、「人間の魂の深みにおける或る隠された技術」としての〈図式機能〉を想定し、それに悟性的なものと感性的なものとの媒介者の役割を付与した。こうして、対象認識の構造は、生産的構想力を介した感性と悟性との協働として捉えられることになる。

2 ダルマキールティの〈判断〉に関するシチェルバツコイの分析

以上のようなカントの認識論の概略は、シチェルバツコイにも馴染みのものだったと思われる。すでに『仏教論理学』の目次構成で確認したとおり、彼はダルマキールティの認識論・論理学の体系を、カントに代表される西洋の認識論の枠組みと術語で記述しようと試みた。後世の批評が言う通り、その試みは必ずしも成功したとは言えず、西洋哲学に固有の術語を多用したがゆえに、かえって仏教認識論の本来の文脈が見えにくくなったという弊害もある。とはいえ、多少強引にでも、ダルマキールティや註釈者のテキストを、カント哲学などとも共通する術語で翻訳し、考察する道をシチェルバツコイが整えたからこそ、百年後の今日、あらためて西洋哲学との比較から仏教認識論を再評価することが可能になった。彼は次のように述べている。

インド哲学を学ぶ学生が、自分が取り組んでいる文献のなかで何度も目にし、馴染みとなった概念に相当する訳語を見つけようとするとき、いささか困った事態となる。というのも、手元で利用できる資料には、それにぴったりあてはまる訳語がなかなかないからである。哲学と論理学の分野では、あらゆるヨーロッパの言語に、アリストテレスの著作に共通の淵源をもつ訳語のストックがある。だが、インド哲学はアリストテレスの影響とは無縁なところで発展してきた。インド哲学のなかにもアリストテレスに相当する哲学者、カントに相当する哲学者がいて、西洋哲学史とパラレルな発展を遂げてきたのである。したがって、二つの伝統がともに認める共通の概念や理論があるとすれば、それは歴史的には非常に興味深い事象となる。二つの伝統がともに認めるということは、それだけでその概念や理論が正しいことを間接的に、あるいは部分的に証明しているのかもしれない。「真理は一つ、錯誤はさまざま」なのだから。

（Stcherbatsky 1962, vol. 1: 226）

シチェルバツコイは、ダルマキールティとその註釈者の著作のいたるところに、西洋哲学とパラレルになる概念を見出した。本章の主題である構想力と実体視との対応関係も、彼が注目した並行事象の一つである。

『仏教論理学』のなかで、実体視（アディヤヴァサーヤ）をめぐる議論は、その第一巻第三部「構成された世界」の第一章「判断」で扱われる。シチェルバツコイは、概念知を基本的には「判断」（judgement）として捉えるが、その中心に〈アディヤヴァサーヤ〉の働きを認めている。

私たちが「判断」と翻訳してきたサンスクリット語は、その一般的な使用では「断定」（decision, アディヤヴァサーヤ）を意味する。すなわち、判断・裁断・意志作用であり、チベット語では「決断」と訳される。とりわけここでは二つの事物の同定に関する断定のことを意味している。これはインドで発展した詩的修辞論においても術語として用いられる。そこでは単純な比較と同定という方法が語られるが、同定というのは、決して同一になりようのない二つの事物を同一のものとして詩的に語ることである。例えば、少女を月と重ね描くような場合がそうである。ここで言われる知覚判断も、それと同じように絶対的に類似しようのない二つの事物の類似性を主張することとして特徴づけられる。この判断は、まったく異なる二つの部分を一緒にするという意味で総合的なものである。

（Stcherbatsky 1962, vol. 1: 212–213）

アディヤヴァサーヤとは、異なる二つのものを同定する働きである。それは少女を月として詩的に表現する場合がそうであるように、あるもののうえに別のものを重ね描くことであると言った方がよいかもしれない。仏教では、感覚的な知覚によって瞬間的な存在が捉えられるとされるが、その瞬間的な存在のうえに「持続体」（相続）を重ね描き、本来は異なるはずの二つをあたかも同一のものであるかのように措定することが、ここで「断定」と訳されるアディヤヴァサーヤの働きである。あるいはさらに、その対象の諸性質をすべて総合しつつ、「これは牛である」というように、〈牛〉という普遍者（概念）と「これ」が指示する感覚的対象とをつなぐ働きもまた、この「断定」

の働きにふくめられる。
興味深いことに、シチェルバツコイは〈差異において、統一をもたらす〉作用をアディヤヴァサーヤに認め、それをまた別の場所では「生産的構想力」とも呼んでいる。先に見たように、カントはこの術語をアプリオリに働く人間の根源的な能力として考え、これが感覚に現れる多様な現象を統一し、時間的に過ぎ去った不在の過去のものも取り込みながら、「対象」を作り上げるのだと論じていた。もちろん、カントが言う生産的構想力とアディヤヴァサーヤの働きとがまったく同じであるとは言えないが、多様なものを統一し、「対象」を構成するという点には共通性を見てとることができる。

感性と悟性とをつなぐもの、無分別知と分別知とをつなぐ結節点は何か——これが東西を代表する二人の知の巨人、ダルマキールティとカントが取り組んだ難問である。彼らは、その解決のために人間に具わる「対象」措定の働きに着目し、知覚経験にはアディヤヴァサーヤ／生産的構想力の介在が不可欠であることを明らかにした。

シチェルバツコイが示唆したアディヤヴァサーヤと生産的構想力とのつながりは、アディヤヴァサーヤの訳語を再考する際に考慮されるべきポイントを教えてくれる。私たちの知覚経験は、感覚に与えられる多様な印象が生産的構想力により総合され、統一的な対象が生み出されることで成立する。冒頭で見た大森の言い方を借りれば、それこそまさしく「加工」の働きである。生産的構想力による加工なしに、統一した対象を目の前に措定することはできない。アディヤヴァサーヤもまた、無分別知たる知覚に付随する「加工」の働きであり、それにより瞬間的に生成・消滅する認識内部の形象が「(持続的な)対象」として見立てられる。それは確かに「(知覚)判断」としての側面をもつが、本来は多様でばらばらな存在を統一的な「対象」に仕立て上げる作用であることを考えれば、そこには「実体視」という側面があることもまた自明であろう。

第三節　実体視と仮構

それではあらためてここまでの議論を振り返っておこう。実体視とは、認識内部に生じる形象をあたかも外界の対象であるかのように見なし、かりそめの実在性を付与する心の働きであった。その基本構造は、「非XをXとする錯誤知」として定式化される。薄闇の道でロープを「蛇」と見誤ったり、砂浜に落ちている真珠母貝を「銀」と間違えることが錯誤知の典型例であるが、私たちがコップやパソコンを見たりしている日常的な知覚経験にも同型の錯誤知がふくまれている、というのがダルマキールティの主張であった。

このような考えは、私たちの日常的な認識を「迷いの知」として捉える仏教の伝統に根ざしている。無常であるのに「常住」を願い、苦の実相から目をそらし、「楽」を求める。無我であるのに固定不変の「自我」があることを疑わず、不浄である己の身体を「清らか」(浄)であると思い込む。常楽我浄の四つの転倒した妄念に縛られた人々に向かって、ブッダは妄念を打ち破る道を説いた。

つねによく気をつけ、自我に固執する見解を打ち破って、世界を空なりと観ぜよ。そうすれば死を乗り越えることができるであろう。このように世界を観ずる人を、〈死の王〉は見ることはない。

（『スッタニパータ』中村訳、一一一九）

さらに大乗仏教では、自我と世界の諸存在に対する執着を断つために、その執着の根本にある主客の分裂構造にフォーカスされる。この分裂構造は、『般若経』における空の思想で強調され、心の実相を瞑想した瑜《ゆ》伽《が》行派《ぎょうは》の教説（唯《ゆい》識《しき》思《し》想《そう》）で考究された。仏教認識論が言う実体視の淵源もまたそこにある。

1　唯識思想における自我と存在者の仮構

ヴァスバンドゥの『唯識三十頌』の冒頭を飾る次の詩節は、唯識思想のエッセンスをまとめたものとしてよく知られている。

〈本来は存在しないものを、あたかも存在するかのようにして〉自我や諸存在者の仮の言語表現がいろいろとなされるが、それは認識の変容に関してのことである。そして、その変容は三種類である。

（『唯識三十頌』第一偈）

引用中で「仮の言語表現」と訳した原語は〈ウパチャーラ〉（upacāra）であり、普通は「比喩的表現」「転義的表現」を意味する。漢訳は「仮説」。少年の赤さや激しさを火に譬えて「少年は火だ」と言う場合、それが〈ウパチャーラ〉である。(5) 少年がそのまま火なのではない。「火」は少年の容貌なり気質なりを際立たせるために使用された表現であり、少年を直接指示しているのではない。同じように「バーヒーカ人は牛だ」と表現する場合、「牛」はバーヒーカ人の愚鈍さを際立たせる効果を狙った比喩（メタファー）である。

これらの比喩表現の場合に、「火」や「牛」ということばに対応する対象（火や牛）がそこに存在するわけではない。しかしながら、メタファーはその聞き手に強烈なイメージを植えつける。その場に無いものだからこそ、かえってありありとその姿を現し出すのかもしれない。こうして存在しないはずのものが存在するものとして浮かび上がる。つまり、虚構の存在が言語的に作り出される。

さて、『唯識三十頌』の詩節に話をもどすと、ここでヴァスバンドゥは自我や諸存在者に対する私たちの日常的な言語表現はすべて、本来は存在しないものをあたかも存在するかのように仮構しているのだと述べる。(6) 例えば、「自己」「生命あるもの」「生き物」「人類」「人間」などとして自我のことを表現し、「蘊《うん》」「処《しょ》」「界《かい》」「色《しき》」「受《じゅ》」「想《そう》」「行《ぎょう》」「識《しき》」などとして諸存在者を表現する。同様に、「私」「机」「リンゴ」などの表現もそこに加えてよいだろう。

これらの表現では、通常それぞれのことばに対応する指示対象があると考えてしまう。それがバラモン教の言うアートマンという恒常不変の実体であり、またそれぞれの実体的な存在者である。だが、仏教はそのような実体的存在を否定する。それらは要素の集合体に還元され、それぞれの要素も究極的には、固有の本性（自性）をもつわけではないからである。唯識思想は、それらはすべて根源的な認識作用であるアーラヤ識からの三種の変容――アーラヤ識・自我意識（マナ識）・対象認識（意識と五感）――におさまることを説く。認識の変容はまた、「非存在の構想作用」（虚妄分《こもうふん》別《べつ》）とも言われるが、「自我」や「蘊」などとして私たちがあると思っているものは、この根源的な構想作用によって構想された虚構の存在とされる。

註釈者のスティラマティは、次のように説明する。

その認識の変容において、自我などの概念知を生む潜在印象が成熟し、また色などの概念知を生む潜在印象が成熟する。それにより、アーラヤ識から自我などの顕現をもつ概念知と色などの顕現をもつ概念知とが生成する。その自我という顕現や色などの顕現を素材として、無始爾《むしじ》来《らい》、自我や色などの仮の言語表現が起きる。その際、外部にある自我や諸存在者は必要ない。それはあたかもティミラ眼病者に「髪の毛の固まり」などの仮の言語表現があるようなものである。

（スティラマティ『唯識三十頌釈』一六頁）

繰り返すが、そこに実際には存在しないものをあたかも存在するかのように表現することが「仮の言語表現」（ウパチャーラ）である。そして、仮の言語表現のためにはその拠り所（素材）となるものがなければならない。「少年は火である」の場合の少年、「バーヒーカ人は牛である」の場合のバーヒーカ人がそれぞれの比喩的表現の拠り所（素材）である。自我や色などの諸存在に関する仮の言語表現の場合、その拠り所は認識に映じる自我や色などの顕現であるとされる。私たちはそれら虚像にすぎない自我や色などを、あたかも存在するかのように仮構し、さまざまな言語表現を行う。

唯識思想は、私たちの日常的な世界を仮構として描き出す。それは、本来は存在しないにもかかわらず、これまでの潜在印象の積み重ねのために、ありありと浮かび上がる世界の姿である。ティミラ眼病者の眼前には髪の毛の固まりがありありと浮かぶ。存在しないのに存在しているとしか思えないような現れを前にして、その患者は「髪の毛の固まりがある」と言語表現することだろう。だが、それは単に名のみの存在であり、実在はしない。

視点を変えれば、唯識思想は自我や諸存在者を慣習的な存在として捉えていると言えるかもしれない。幾度も繰り返し使用される「私は……」の言語表現において、「……」の部分には一定の述語が付加される。例えば、それは「男性である」という述語であったり、「母親である」という述語であったりするかもしれない。その習慣的な言語使用が、男性性や母親性という自我像を作り上げ、自我に関する固定的なイメージを形づくっていく。巷にあふれるジェンダーの問題も、唯識の考えからすれば、習慣化された言語表現が本来は不要であるはずの男性性・女性性という二項の差異を生み出し、それぞれを実体化してしまったことに由来すると考えられるだろう。

その囚《とら》われから自由になるために、心の本質を見定め、その根源的な転換（転依《てんね》）を実現することが唯識では求められるのだが、その詳細については今は触れない。ただし、そこまで究極的な境地を想定しなくても、唯識的な世界観を知識として会得することで、私たちは自己や世界に対する見方をある程度まで自由に変更することが十分に可能である。

さて、こうして唯識思想における自我と諸存在の仮構をめぐる議論を見てみると、仏教認識論が言う実体視との共通点と相違点もおのずと明らかになる。両者の対比をまとめると次のようになる。

唯識思想

——自我と諸存在者の仮構（仮の言語表現）。

——認識の変容における自我の顕現と諸存在者の顕現を拠り所とする。

——ティミラ眼病者における髪の毛の固まりなどの仮構が実例となる。

——そこに存在しないXをあたかも存在するかのように表現する

仏教認識論

——行為対象の実体視。

——認識に映じる形象を拠り所とする。

——行為を引き起こす契機となるものであり、ティミラ眼病者における髪の毛などは実体視の対象と見なされない。

——非XをXとする錯誤知を本質とする。


両者は、本来はそこにないものをあたかも存在するかのように執着するという点で共通するが、唯識思想の場合には外界対象の存在が認められないのに対して、仏教認識論ではその存在が暫定的に認められるという違いがある。そのため、後者では知覚や推理という認識の対象と行為対象との結びつきのために、実体視が要請されるという事情がある。その点では仏教認識論の実体視の淵源を、唯識思想の自我・諸存在者の仮構の議論にのみ求めるわけにはいかない。おそらくは、唯識思想にも影響を受けながら、もう片方では、実践的行為の動機となる認識の是非を盛んに討議するようになったダルマキールティ周辺の思想状況も遠因となり、実体視の考えが醸成されたのであろう。いずれにせよ、実体視を考えるときに、判断論の枠組みに限定することなく、より広く、仏教およびインド思想の錯誤知論・行為論との関連において、その価値を見定めることが今後の課題となるだろう。

2 ラトナキールティによる実体視の分類

実体視をめぐる考察を締めくくるにあたり、最後に、ダルマキールティ以降の議論の展開をおさえておきたい。と言っても、その思想史を詳細にたどることが目的ではない。そうではなく、実体視という考え方の射程を見定めるために、この概念を詳細に分析し、ダルマキールティには見られないいくつかの新知見を提示した十一世紀の学匠ラトナキールティの議論を概観する。

ラトナキールティは、インド仏教最後期に仏教の学問センターであったヴィクラマシーラ大僧院で活躍した学僧である。彼の師匠であるジュニャーナシュリーミトラは、この大僧院を代表する六賢門の一人に数えられ、顕教・密教の両面で多数の著作を残した偉大な学匠であった。ラトナキールティは師匠の見解を受け継ぎ、独自の視点から、著作のエッセンスをまとめあげ、重要な議論のダイジェスト版を作成した。現在、『ラトナキールティ著作集』(*Ratnakīrtinibandhāvaliḥ*)で読むことのできる彼の著作一覧は次の通りである。(7)

『全知者証明』（*Sarvajñasiddhi*）
『主宰神証明の論駁』（*Īśvarasādhanadūṣaṇa*）
『アポーハ証明』（*Apohasiddhi*）
『刹那滅証明』（*Kṣaṇabhaṅgasiddhi*）
『認識手段包含論』（*Pramāṇāntarbhāvaprakaraṇa*）
『遍充関係の確定』（*Vyāptinirṇaya*）
『恒常性証明の論駁』（*Sthirasiddhidūṣaṇa*）
『多《た》様《よう》不《ふ》二《に》照明論《しょうめいろん》』（*Citrādvaitaprakāśavāda*）
『他相続の論駁』（*Santānāntaradūṣaṇa*）

インドから仏教が滅亡するに至る時期が迫るなか、ヴィクラマシーラ大僧院の学匠たちは、高度に洗練された哲学的思索を、重要なトピックに応じて展開していた。著作のタイトルからも分かる通り、この時期の仏教徒の関心は、(一) 宗教的権威の確立、(二) 存在論の基盤となる刹那滅論の証明、(三) 言語哲学、(四) 有形象認識論あるいは唯識性の確立といった四方向に向けられていた。彼らは、ディグナーガやダルマキールティが体系的に論じた内容を換骨奪胎し、テーマ別の作品にまとめあげた。

実体視の概念については、とりわけ『多様不二照明論』で詳細な検討が加えられている。この著作の主題は、文字通り、私たちの認識が多様な形象群を伴うものであり、それらの形象群は単一のものとして輝き出すことを明らかにすることにある。(8) 多数の原子から成立し、分割可能な外部世界と異なり、唯識が描く心の世界は、多様な形象が不二なるものとして顕現する世界である。ラトナキールティは多様不二を特徴とする心の世界を次の推論式で証明する。

〔遍充関係《へんじゅうかんけい》〕およそ〔認識において〕輝き出すものは単一である。例えば、多様な形象群のなかにある青の形象のように。

〔主題所属性〕そして、この白さ、ガンダーラ調の〔音色〕、甘さ、芳しさ、柔らかさ、快さ、〔それぞれと〕反対のものなどの多様な形象群は〔認識において〕輝き出している。

〔理由の分類〕理由は自性因《じしょういん》である。

(『多様不二照明論』一二九頁)

ここに描かれるのは、五感の対象とそれらに付随する楽などの感受作用が単一不可分のものとして心に輝き出している状況である。普通には、美しい踊り子の舞踏を鑑賞しながら宴会に興じる場面でも、鑑賞者の認識内部に目を向ければ、そこには多様な形象を宿した認識の輝きのみがある。

この推論式の構造は「輝き出すこと」という理由から「単一性」を立証するところに主眼がある。ことばを換えれば、「認識内部に顕現するものは単一にして不可分である」という遍充関係(大前提)の妥当性が問われるということである。もしも理由である「輝き出すこと/認識内部に顕現すること」が「単一不可分」ではないものにも当てはまるとすれば、この理由は目指す結論を確実に導くことができない「不確定因」になってしまう(9)。

理由が不確定因ではないことを確かめるためには、「単一不可分ではないもの」（この推論式の異類例）として想定される外界の対象（多数の原子から構成される事物）が決して認識に輝き出さないことが確証されなければならない。つまり、遍充関係の対偶が真であることを示すことが求められる。

〈遍充関係の対偶〉およそ多数性をもつもの（外界の対象）であれば、それは認識に輝き出さない。

この命題では、「認識に輝き出す」が何を意味しているのか、が問題になる。もし「認識に輝き出す」とは「認識される」と同義であるとすれば、外界対象も認識されることは確かであるから、右の命題は成立しない。だが、ラトナキールティが前提としているのは、ダルマキールティの認識論である。これまでに見てきた通り、ダルマキールティは外界対象を実体視の働きにより措定されるものと見なし、認識に直接的に輝き出すものから区別した。このことを踏まえて、ラトナキールティは、把握対象（認識に直接的に輝き出す対象）と実体視の対象（間接的に措定される対象）とを区別することで、右の命題が妥当することを立証していく。これが『多様不二証明論』の主たる議論の筋道である。

この一連の議論のなかで、実体視は重要な役割を果たす。そのためラトナキールティは、実体視に関して当時までに出されたさまざまな解釈を列挙して、それぞれの問題点を指摘した。彼の考察は、ダルマキールティ以降の「実体視」概念の展開史を知るうえで一級の資料的価値をもつ。以下にその要点をまとめておこう。

(1) 認識における輝きの部分が現れること。
(2) 認識における自らの形象の部分が現れること。
(3) 虚偽の形象が現れること。
(4) 実在の本性が現れること。
(5) 非実在の本性が現れること。
(6) 認識内形象のうえに「外界対象」を付託すること。
(7) 外界対象のうえに「認識内形象」を付託すること。
(8) 認識内形象と外界対象とを結びつけること。
(9) 認識内形象と外界対象とを一体化すること。
(10) 両者を同体として理解すること。
(11) 両者を無区別のものとして理解すること。
(12) 両者の区別を把握しないこと。

(『多様不二照明論』一三三頁)

まず(1)から(5)までの選択肢はいずれも何らかの「現れ」を実体視と理解している点に特徴がある。当該の文脈における「現れ」とは、認識それ自体が現れることであったり、認識内部に対象像(形象)が現れることであったりする。仏教内部には、その形象は虚偽であるとする立場もある。また、外界の対象それ自体が現れるとする立場もあれば、外界に存在しない空想の対象（非実在）が現れるとする立場もある。だが、いずれにせよ、認識における直接的な顕現作用は、〈自己認識〉という知覚のモードに関連するあり方であり、実体視とは別に考えられなければならない。

一方、続く⑹から⑿までの選択肢は、なんらかの形で知覚対象（外界対象）と認識のなかの形象とを関係づける作用を表している。

そのうち、⑹と⑺では「付託」と呼ばれる作用が実体視の本質であると考えられている。「付託」の原語は〈アーローパ〉であり、同義語として〈アディヤーサ〉や〈アディヤーローパ〉〈サマーローパ〉などがある。これらはいずれも「覆い隠す」ことを原義とし、ある対象（A）のうえに別の対象（B）を重ねて、Aを覆い隠すことを意味する。井筒俊彦は、この概念を重視したヴェーダーンタ学派の哲学者シャンカラの不二一元論を論評しつつ、〈アディヤーサ〉の訳語に次のようなコメントを付す。

我が国のインド思想専門家は、普通、「付託」などと訳しているが、原義的には何か（A）の上に何か別のもの（B）を据える、かぶせることである。Aの上にBを重ねかぶせれば、Aの本当の姿形は見えなくなって――特にこの見地からこの語は「陰覆」「隠蔽」を意味する〈サンブリティ〉の同義語とされる――Bが表面に現れてくる、あたかもそこにあるものはAではなくてBであるかのように。

（井筒 一九九一、四二六―四二七頁）

井筒の説明は〈アーローパ〉にもあてはまる。縄を蛇として誤認する場合、縄の上に「蛇」のイメージがかぶせられ、本来そこにあるはずの縄が見えなくなり、代わりに蛇の認識が生じる。蛇のイメージが縄を覆い隠してしまう。このような心の働きが「付託」である。

さて、この付託であるが、ダルマキールティの註釈者たちのあいだでは、これこそが実体視の本質と見なされていたふしがある。片岡（二〇一三）が論じた通り、シャーキャブッディやカルナカゴーミンといった註釈者は、〈アディヤヴァサーヤ〉を「付託」と言い換え、実在する外界対象（A）のうえに概念知の形象（B）がかぶさり、覆い隠すことを実体視であると理解した。縄のうえに「蛇」を付託する錯誤知と同じ構図である。これが(7)の立場である。また、それとは逆に、概念知に映じる形象（A）のうえに外界対象（B）を仮構する、という方向の解釈も可能である。

このように実体視を付託として捉える考え方は、ダルマキールティの後継者たちのあいだで広く支持されていたようだが、ラトナキールティは、この考え方には難点があることを指摘する。ある認識が形象を伴って生じているときに、その同じ認識が付託作用をすることはできない。認識は「形象を伴う」作用の他に別の作用をすることはできないからである。一方、その認識が消えた後にそれとは別の認識が付託の作用を行うと考えることもできない。その場合は、AとBという二項関係から成る付託のうちの片方（認識内の形象）は、すでに消えて存在しないからである。

さらに残された可能性のうち、(8)や(9)が言うように、外界対象と形象という種類の異なる二つのもの（物質的なものと心的なもの）を「結合」したり、「一体化」したりすることはそもそも不可能である。

また、「外界対象は形象である」という風に両者を同一のものや無区別のものとして理解することが実体視だと言われるかもしれないが、そのためには、その理解をもたらす概念知により、外的対象が把握されていなければならない。しかし、定義上、概念知は外的対象を直接に把握できないために、同一性・無区別性の理解の前提が成立しない。

最後の選択肢⑫も、その内容を考えれば、外界対象を把握しているときに、区別の無把握という状態になるのか、外界対象を把握していないときに、その状態になるのか、のいずれかであるはずだが、前者であれば実体視は知覚となにも変わらないことになってしまうし、後者であれば、実体視が特定の対象に向かう行動を引き起こすことを説明できない。

以上、駆け足でラトナキールティの議論を確認したわけだが、当然ながら、それならばラトナキールティ自身が考える実体視の正体は何だったのか、という疑問が生じる。ほぼ網羅的に実体視の解釈の可能性を列挙した後に、それでも残される解釈があるのだろうか、と。

この点について、ラトナキールティは次のように述べている。

実体視とは、〔連続する認識の流れのなかで〕等無間縁〈直前の認識〉の力でもたらされた〔認識〕それ自体の特定の顕現を単に認識するだけで――他方〈外界対象〉が直接的に把握されていなくても――それに向かう行動をもたらすことである。（『多様不二照明論』一三七頁）

彼らの考えでは、私たちの意識は生成・消滅する認識の連続体から構成される。直前の認識は後続する認識を生み出し、その認識がまたさらに続く認識を生み出す。それは始まりが知られること のない（無始爾来）根源的な無知（無明）を原因として形成されたものであり、解脱するまで途絶え ることがない。ラトナキールティが考える実体視――それは彼に先行するプラジュニャーカラグプ タの見解を継承したものだが――は、人間の日常的な行動を生み出す原因となる認識であり、それ は見方を変えれば〈自己認識〉と呼ばれる知覚のあり方に通じている[10]。

ラトナキールティはまた別の箇所で、〈自己認識〉を基礎とした二様の実体視の働きにより、人 はそこにあるはずのない外界対象を措定し、それに対する行動を起こすのだと説いている。

縦のつながりでは、感覚的な知覚を通して瞬間ごとに異なる対象が理解されるのだが、無明《むみょう》の力のために、人々はそれらを単一のもの（持続的対象）として実体視する。それと同様に、横のつながりでは、自己認識という知覚を通して不可分の形象（多様不二《たようふに》の形象群）が理解されているが、同じ無明の力のために、人々はそれらを別々のものとして実体視する。

（『多様不二照明論』一四三頁）

縦のつながりとは、時間的な側面から事物を眺めた場合のことであり、それに対して横のつなが りとは、特定の事物を異類の他の事物から分節化する場合を示唆している。つまり、私たちの認識 には根源的に〈自己認識〉の作用があり、瞬間ごとに、多様な形象群が単一不可分のものとして現 れてきているが、私たちはそのことに気づくことなく、無明の力でそれとは異なる世界の有り様を見るように仕向けられる。一つには、瞬間的に映じる形象を、一定時間にわたって持続する具体的個物として実体化する働き。もう一つは、多様不二な形象群においては混沌として相互に区別されようのない個々の形象を、異類から区別し、同類のものとして浮かび上がらせる働き。この二つの実体視が機能することで、私たちの目の前に、「牛」の名で知られる持続的な個体が「外的対象」として現出する。外的対象が外的対象になるためには、〈自己認識〉に映じる多様不二の形象を具体的個物に変換する実体視が不可欠なのである。

このような二種の実体視は、哲学者のピーター・ストローソンが、かつてヒュームやカントの言う想像力／構想力の概念に認めた二つの「同一性」に符合する。

一、観察者が連続して、間断なく観察しているものが同一の対象（例えば、同じ犬）であると考えることは、想像力／構想力に依拠している。↓個体の同一性（individual-identity）・対象の同一性（object-identity）。

二、観察者が見ているその犬を「犬」として認識することは、想像力／構想力に依拠している。↓種の同一性（kind-identity）・概念の同一性（concept-identity）。（Strawson 1982: 83）

私たちが今、目の前に見ている世界は、決して知覚されたままの世界ではない。仏教の用語を使えば、「忽然念起《こつねんねんき》」し、どこからともなく生まれてきた無明（根源的無知）のために、私たちは瞬間ごとに心に映じる多様不二の輝く形象群の世界を見ることなく、日常的な事物を外側の世界に措定してしまう。仏教の哲学者たちはそこに執着の源泉があることを見抜き、実体視の構造を事細かに分析してみせた。そして図らずもその分析は、カントの構想力の概念とも共鳴し、二十世紀の哲学者の分析とも呼応する……。実体視をめぐる私たちの考察をこの方向でさらに深めていけば、一周して再び大森の知覚論との比較へと回帰するかもしれない。

知覚は私たちの日常的経験を形づくるプリミティブな現象である。だが、その本質を探究すればするほど、感性と悟性、無分別知と分別知の分水嶺をめぐる難題に頭を悩まされる。現代の知覚の哲学にも引き継がれるこれらの問題を考える際に、これまでの哲学の伝統を振り返り、参照軸を探すことは決して無意味な試みではない。プラトンやカントの哲学を参照するように、ダルマキールティとその後継者たちの哲学を参照することにも一定の意味があることを、以上の考察は幾分か示し得ただろうか。

第六章　自己認識と主観性

はじめに

無我説は、ゴータマ・ブッダが入滅して以降に確立された仏教の中心的な教義である。その目的はバラモン教が説くアートマン（我）――常住不変の実体であり、行為主体となるもの――を否定するところにある。いわば霊魂のような実体を認める考え方を否定する立場が「無我説」の名称で呼ばれるのだが、それならば日常的に「私」という語が指示するものは何なのか、という疑問が起きる。

伝統的な仏教、とりわけブッダの教説を範疇論的実在論の立場から体系化した説一切有部《せついっさいうぶ》などは、「私」という語は、ある人間個体を構成する物理的・心理的要素の集合（五蘊《ごうん》）に対して用いられるものであり、「私」に相当する特別な実体は認められないと説く。存在するのは、心身の諸要素の集まりのみであり、「私」という語に相当する特別な実体はない、と。

ここまでは無我説の標準的な理解である。だが、仏教認識論のテキストに触れていると、このような無我説の理解に疑問を感じることがある。仏教認識論では〈自己認識〉（スヴァサンヴェーダナ svasaṃvedana）という認識の形態が説かれるのだが、以下に詳しく見るように、この認識のあり方はその当人にしか分からない一人称的な現れを特徴とする。そして、この「当人にしか分からない」という認識のあり方を突き詰めると、仏教認識論における主観性（subjectivity）の問題が立ち現れる。

主観性をめぐっては、私たちの経験には他者とは共有することのできない、その主体にのみ接近可能な現れがあるということが議論の出発点となる。今、私の目の前に淹れたてのコーヒーがある。湯気をたてたコーヒーからほの苦い香りがたちのぼる。その香りは本当にそのコーヒーの香りだろうか。たしかに、香りはコーヒーに帰属する客観的な性質だと考えられるかもしれない。だが、私が経験するその香りは、実は他の誰にも経験することのできないものではないか。すなわち、コーヒーのその香りは、それを経験する主体、あるいは主観に相対的に顕現するものではないだろうか。

この一人称的な特権をもつ意識の現れは、「それが（主体には）どのようであるか」（what it is like）に関連する認識として考えられる。そして、その当人にしか経験することのできない対象の現れがあるということは、ある種の自己意識（self-consciousness）を伴うこともまたしばしば論じられてきたところである。例えば、フッサールはこのことを次のように定式化する。

> あらゆる経験は〈意識〉であり、そして、意識は……についての意識である。しかし、あらゆる経験はそれ自体で経験されており、そのかぎりで意識されてもいる。（Husserl 1966: 291）

私たちの意識が働いているとき、そこには必ずその意識が目指す対象が現れている。志向的対象をもたない意識は存在しない。だが、フッサールの議論はこれで終わりではない。上記の引用の後半部で彼は、「経験がそれ自体で経験されていること」が意識作用の条件であることを明示している。現代のフッサール研究を牽引するダン・ザハヴィは、この一節に着目しながら、フッサールの著述において決して主題的に展開されたわけではない自己意識の問題――彼の没後に公刊されたフッセリアーナの巻や未公刊の草稿に示される――こそが「現象学の唯一の根本問題」（ザハヴィ二〇一七、八四頁）であると断言する。

この点について、現象学の専門家ではない筆者が深入りすることはできないが、仏教認識論の議論との関連から見て、このフッサールの言明は大変に興味深い。というのも、あらゆる意識は志向的対象をもち、かつ、その意識の経験はそれ自体で経験されるというテーゼは、ディグナーガとダルマキールティが論じる〈自己認識〉の構造にきわめて類似しているからである。〈自己認識〉の考えでは、あらゆる認識には必ず対象像の現れとその認識それ自体の現れという二つの相が伴われる。そしてその二相により、認識それ自体の再帰的な気づき（reflexive awareness）が結果として成立する。つまり、ある瞬間に生じる認識には、一、対象像の現れ、二、認識それ自体の現れ、三、再帰的な気づき、という三つのあり方が不可分にふくまれる。およそこのような考え方が〈自己認識〉の理論であるが、ここにフッサールの言明との並行性が見てとれる。

それでは両者はどの程度まで類似しており、どの点に相違があるのか。以下に試みるのは、仏教認識論が言う〈自己認識〉と現象学が言う〈自己意識〉との比較思想研究である。私の考えでは、比較思想研究を成立させるためには対比（comparison）、接続（connection）、転化（conversion）の三要素が重要である。最初に、比較対象となる二つの概念の対比を通して、両者の類似性を明確にする。次に、両者の接続を通して、時代や地域を異にする思想伝統を相互に参照することの意義を見定める。最後に、そのような異種の思想との対話を通して、従来の研究対象に対する視点に転化がもたらされれば、比較したことに一定の成果が認められよう。

第一節　自己意識（self-consciousness）と自己認識（svasaṃvedana）

最初に現象学における自己意識と、仏教認識論における自己認識――訳語にすると非常に似通って紛らわしいが――、それぞれの特徴をまとめておく。

1　現象学の場合――前反省的自己意識と意識の高階説

先に見たとおり、私たちの意識は外側に向かって働く一面がある一方で、自らの内面に向けて作用する面をも有する。快苦の状態や嬉しさや悲しさという情動について、またある対象が当人にどのようなものとして感じられるのかについて、自己意識が働くことはたしかである。自己意識については これまで多くの哲学者によって論じられてきたが、近年では、分析哲学や認知科学との横断的な研究から現象学を捉え直す際、この概念に頻繁に言及される。ザハヴィとショーン・ギャラガーの共著『現象学的な心』では次のように言われる。

自己意識について語ることは、私が外的対象——椅子、栗の木、朝日——を意識的に知覚するすべての場合に関して、完全に意味のあることである。というのも、意識的に知覚することは単に知覚対象を意識することではなく、対象の経験に馴染むことでもあるからである。自己意識とは、その最も原始的で根本的な形式においては、単純に、経験的生が一人称的に顕現し続けることとの問題なのである。

（ギャラガー／ザハヴィ二〇一一、七八頁）

ザハヴィとギャラガーによれば、自己意識とは、「自分とはいかなる存在か？」という問いかけから、深く自己の内面を見つめる際に働く意識を指すのではない。むしろ、何気ない日常的な経験のそこかしこに生じている意識の働きである。二人はこのような自己意識を「前反省的自己意識」と呼ぶ。それは、これとは別に「反省的自己意識」を強調する論者がいることを念頭に置いてのことである。

反省的自己意識は、例えば次のように説明される。歯に痛みを感じるとき、その痛みはその当人にしか感じられない一人称的な特権をもつ心的状態であるが、それはその状態を反省する意識により捉えられてはじめて意識化される。この場合、痛みなどが一階の心的状態と呼ばれるのに対して、その心的状態を意識化するものは、その状態をメタ的に捉える二階の知覚あるいは二階の思考に求められる。そして、この高階の知覚あるいは思考こそが自己意識と密接に連関する。

このうち、高階思考（Higher Order Thought, HOT）を唱えたデーヴィッド・ローゼンタールによれば、「意識」に関連する動詞は、他動詞的な用法（……を意識する）と自動詞的な用法（意識している）とが区別される。そして、自動詞的な意識状態（歯の痛み）はそのままでは意識的であるとは呼べないが、それが高階の思考によって捉えられる際にはじめて意識的なものになる。

しかしながら、このような意識の高階説にはいくつかの根本的な批判が向けられてきた。例えば、高階説が正しいとすれば、心的状態を捉える二階の思考に対してもさらに高階の意識が想定されなければ、二階の思考が意識的なものではなくなる、という問題である。その難点を回避しようとすると、議論は必然的に無限後退の過誤を招く。それにもまして問題になるのは、高階説の考えでは、私たちの経験そのものは主観的なものではなく、あくまでも高階の思考によって捉えられるところの客体の位置に置かれるという点である。

高階説と異なり、現象学者は、何かを意識的に経験するときに存在する自己意識が何らかの種類の反省、内観、あるいは、高階の監視の観点から理解されるべきだという見方をはっきりと否定する。自己意識は付加的な心的状態に関わるものではなく、むしろ一次的経験の内在的特徴として理解されるべきである。すなわち、自動詞的意識とは、それを備えた心的状態の外在的性質であり、何らかの別の状態によって外的に与えられた性質だと主張する意識の高階説に対して、現象学者は一般に、自動詞的意識とは、それを備えた心的状態の内在的性質であり、構成的特徴であると論じる。

（ギャラガー／ザハヴィ二〇一一、七六頁）

高階説があくまでも心的状態を対象化する視点から離れられないのに対して、ここで言われる現象学者がとる道は、ある心的状態にある意識はそれ自体で再帰的に認識されるという主張である。先に見た通り、それは経験の一人称的権威を明確にするために求められる考え方であり、フッサールからサルトルまで、さまざまな現象学者が考察してきた論点である。

> 前反省的ないし非観察的自己意識において、経験は対象としてではなく、まさに主観的経験として与えられる。この見方によると、私の志向的経験は体験されてはいるが、対象化された仕方では現れない。それは見られも、聞かれも、考えられもしない。
>
> （ギャラガー／ザハヴィ二〇一一、七六頁）

今、目の前にある一本のバラを見ているときに、その知覚経験を「外側」から捉えようとするのが高階説の考え方であるのに対して、前反省的自己意識とは、その経験をその「内側」から捉えようとする態度であると言えよう。だとすれば、そのような試みが相当に困難な道であることは想像に難くない。日常的な経験のさなかでは、「経験的生が一人称的に顕現し続ける」ことの自覚は容易には生まれない。あくまでも何らかの反省を契機として、前反省的自己意識が浮かび上がるというのが事柄の真相ではないだろうか。その意味では、前反省的自己意識が「反省に先立つ」のは、まさに反省が働くことではじめて「前反省的」な自己意識が逆照射されるからであり、自己意識が当該の経験のただ中で自明のものとして定立されているわけではない。

この前反省的自己意識をめぐって、とりわけフッサールの論述は純粋自我の問題や時間性の問題などとも絡み、複雑である。以上は、ギャラガーとザハヴィの論述に依拠した要約にすぎないことをお断りして、次に仏教認識論における自己認識の考察に論を進めたい。

2　インド哲学の場合――自照説と他照説

インド哲学には、ウパニシャッドの哲学に代表されるようなアートマン（我）を認める考えと、それに対抗する仏教の無我説とがあることは先に述べたが、そのほかにも、認識の自覚性をめぐって二つの対立する考え方があった。一つは、ある時点で生じた認識は、それに後続する別の認識によって覚知されるとする考え（他照説）であり、もう一つは、認識はそれ自体で再帰的に自覚される特性をもつとする考え（自照説）である。[1]

最初に、他照説の考えから見ていこう。インド哲学諸派において、認識がそれ自身で再帰的に自覚されることを頑として否認し、認識はそれとは別の認識により知られるとする立場は、典型的にはニヤーヤ学派の見解に見ることができる。[2]

ニヤーヤ学派は、アートマンの存在を認め、アートマンの性質の一つに〈認識〉を数える。対象と感覚器官とが接触することで認識が生じ、その認識にもとづいてその主体は行為を起こす。例えば、壺などの対象と視覚器官との接触から壺の知覚知がアートマンに生まれる。次に、この知覚知に対して、思考器官（マナス）による追決定が生まれる。五世紀頃に活躍したヴァーツヤーヤナは、次のように述べる。

いかなる知覚の対象についても、認識主体は感覚器官によって〔まず〕決定（対象の確定）し、そののちに、思考器官によって追決定（確認した対象の概念的把握）するのである。感覚器官の毀損している人には、〔対象の〕追決定はないからである。

（服部正明「論証学入門」、長尾〔編〕一九七九、三四九―三五〇頁より一部改変）

この記述によれば、最初に対象を認識する知覚が生じた後に、その知覚を対象とする追決定という高階の認識があるとされている。さらに後代の解釈を入れて、追決定を「私が壺を知覚する」という認識だと理解するならば、この高階の認識こそが主観性を成立させる要因になることが明確になる(3)。このようにニヤーヤ学派の考えでは、対象認識とその認識の自覚とは異なる二つの認識の働きに振り分けられており、先に見た高階説との類似性は明らかだろう。

以上の他照説の考えに対して、仏教認識論では〈自己認識〉の概念を中心として自照説の考えが説かれる。

ここで言う自己認識とは、ちょうど灯火が対象物を照らし出すと同時に、灯火それ自体もまた照らし出すように、認識は対象を知らせる働きとともに、その認識それ自体が自覚される働きをもつという意味である。この考えは、部派仏教のなかの大衆部《だいしゅぶ》の学説に淵源があるとも言われるが、知覚の理論として定式化したのはディグナーガである(4)。

『認識論集成』で説かれる自己認識の見解をまとめると、大きくは三つの文脈でこの知覚のモードが論じられる。
一つには、欲望（ラーガ）などの心作用に関する自己認識。仏教では心が生じるときには、それに付随して心作用も生じてくるとされる。欲望や憎悪、あるいは快苦の感情（感受作用）といった心作用は必ず「……に関する」という志向的対象をもつ。そして、それらはその当人にしか分からない形で、つまり、一人称的な特権をもって自覚される。[5]
二つには、外界対象を認識する場面で生じる自己認識。例えば外界に、ある青い物体が存在する場合、健常な視覚器官をもつ者には、その〈青〉が対象像として認識内部に顕現する。仏教認識論の術語で対象像のことを〈形象〉（アーカーラ）と呼ぶ。つまり、外界の青い物体を見ているとき、その認識は〈青〉の形象を帯びる。そして、〈青〉の形象を帯びていることが〈認識手段〉となり、〈青〉の知覚知が結果として生じるのであるが、実際のところ、「〈青〉の形象を帯びること」と「〈青〉の知覚知」とは同一であり、さらに言えば、「〈青〉の形象を帯びた認識」とは、その認識がそれ自体で再帰的に認識されている状態なのである。この場合にも、この〈青〉はその当人にしか分からない形で認識されている。
三つには、外界対象を前提とせず、唯識思想から考えられた自己認識。唯識の考え方によれば、仮に外界が存在しないとしても、過去からの潜在印象の力により、私たちの意識にはありありと特定の対象の形象が現れ出す。また一方では、認識そのものが〈把握主体〉として現れることで、対象像とのあいだに（見かけ上の）主客の関係が成立する。同一の認識が一面では客体として、また別の一面ではそれを把握する主体と見なされる。この時、〈自己認識〉という結果もまた同一の認識のうえに措定される。

以上のように自己認識は、文脈に応じてそれぞれ異なる機能をもつ。だが、いずれの場合にせよ、ある瞬間に生じる認識（心作用もふくむ）には対象認識という側面だけでなく、その認識自体の自覚という側面もあることが、ここで確認しておきたかった点である。他照説では別々に振り分けられていた作用が、ここでは同一の認識のうえに統合されている。こうすることで、他照説で問題になる認識の無限後退（認識を知るための認識、さらにそれを知るための認識……）は確実に回避されるからである。

このように現象学の議論と仏教認識論の議論とを並べてみると、両者のあいだには少なからぬ類似性が認められる。とりわけ、前者が言う自己意識も、後者が言う自己認識もともに経験の主観的性質に関連する概念であるという点は強調されるべきであろう。それと同時に、ディグナーガなどが論じた自己認識が「前反省的」であることも指摘しておきたい。なぜならば、自己認識は知覚の一種に分類されるものである以上、必然的に知覚の定義である「概念的思考を離れたもの」を満たさなければならないからである。そして、「反省」とは、とりもなおさず概念的思考の一種なのだから、自己認識もまた「前反省的」な認識であると判断される。

ただし、一点だけ注意しておかねばならないことがある。それは、同じく「自己」という語が用いられていても、「自己意識」の「自己」と「自己認識」の「自己」では意味が異なるという点である。後者が言う「自己」とは、瞬間的に成立する認識それ自身のことであり、それは「私」として呼ばれる何かではない。ここで仏教が語ろうとしているのは、アートマンのような実体的な自我を想定することなく、知覚経験にはそのつど、認識それ自体を主体とする（限定的な意味での）「主観的な」性質が宿るということである。

第二節　想起にもとづく自己認識の論証

さて、仏教認識論が言う自己認識と現象学が言う自己意識との対比を通して両者の類似性を確認した私たちが次に向かうのは、両者の議論をどのように接続できるか、という比較思想の第二フェイズである。このことを論じるために、次に、ディグナーガが認識の二相性――あらゆる認識には対象像の現れと認識それ自体の現れとの二相があること――を証明するために提示した〈想起からの論証〉とフッサールの議論との接続を見ていくことにする。

〈想起からの論証〉は、『認識論集成』「知覚」章のなかで、あらゆる認識は〈自己認識〉を本性とすること、別の言い方をすれば、対象像の現れと認識それ自体の現れという二相を有することを証明する場面で言及される[6]。

ある知覚経験が生じた後に、先に知覚した対象を想起することは、日常的に経験されている。昨日見た桜の花びら、一昨日耳にした歌謡曲のフレーズ、一週間前に食べたグリーンカレーの味……。視覚・聴覚・味覚などの五感を通して一度経験された対象は、一定の時間が経った後にも――たとえ鮮度は落ちても――その対象がそれとして分かる形で想起される。当たり前かもしれないが、先に知覚されたものだけが想起の対象となる。

だが、このとき、想起されているのは先の知覚対象だけではない。〈(桜の花びらを)見ること〉〈(歌謡曲のフレーズを)聴くこと〉〈(グリーンカレーを)味わうこと〉などの認識それ自体も想起される対象だからである。ここでさきほどの「先に知覚されたものだけが想起の対象になる」という原則を適用すると、これらの認識もまた、その想起に先立って経験されていなければならないことになる。つまり、それらの視覚知などの認識は、それ自体で、あるいはそれ以外の認識(後続する認識)によって自覚されていなければならない。

前節の言い方を借りれば、前者が自照説、後者が他照説である。このうち、他照説をとれば、その後続する認識もまた別の認識により認識されなければならず、その別の認識にもまたさらに別の認識が……という無限後退の過誤は不可避である。したがって、残された可能性としては自照説しかない。

以上が、ディグナーガが提示した〈想起からの論証〉の筋道である。この論証に関して、現象学と仏教哲学との総合を試みるエヴァン・トンプソンの論考「無我的な自己?――想起と再帰的な気づき」(Thompson 2011)は、興味深い分析を行っている。トンプソンの診断では、〈想起からの論証〉は、それに対する後代の中観派からの批判が指摘するように、見過ごすことのできない難点を抱えている。だが、もしも現象学の議論を受け入れて、〈想起からの論証〉をフッサールの議論で接ぎ木すれば、難点は解決され、この論証の妥当性は担保される。

なお仏教哲学と現象学とを接続することは、傍目には、いかにも無茶な試みに思われるかもしれないが、実際はそれほど無理なことではない。と言うのも、両者はともに前反省的なレベルで成立する〈自己〉に主観性の成立根拠を見出そうとする点に共通性があるからである。

およそ以上のような筋書きで語られるトンプソンの考察は魅力的である。ただし、そこに問題がないわけではない。とりわけトンプソンが自らの哲学的立場である反表象主義に立脚して、ディグナーガやダルマキールティの有形象認識論をあえて前提としないと表明した点は看過されるべきではない。というのも、ダルマキールティがこの論証に関して提示する議論は、まさに有形象認識論を前提として成立するものだからである。次節において、私たちはトンプソンとは違うルートでディグナーガの〈想起からの論証〉を補完する議論を見ることになるだろう。

ともあれ、まずはトンプソンがこの論証をどのように評価したのか、その点から確認していくことにしたい。彼は〈想起からの論証〉を、以下の前提(一—四)から結論(五)を導くものとして再構成している。

一、昨日の青空を想起するとき、人は単に〈青空〉を想起するだけではなく、〈青空を見ること〉を想起する。すなわち、人は、自分が先に見た対象だけでなく、〈見る〉という知覚経験をも想起する。

二、先行する知覚経験を想起するために、第三の認識は必要とされない。

三、Xの想起のためには、そのXは先に経験されていなければならない。

四、想起されるものの諸特性は、それに先立つ知覚経験の諸特性を原因とする。
五、それゆえ、知覚経験は、知覚対象だけでなく、知覚経験そのものの経験（自己認識）をふくむ。

トンプソンは、これを最善の説明のための推論（inference to the best explanation）の一種と見なす。すなわち想起の際に、先行する知覚対象のみならず、知覚経験も想起されることから、先行する知覚経験も何らかの形で認識されていなければならないのだが、可能性としては、知覚経験において再帰的に認識されるか、それとは別の認識によって引き起こされるのかのいずれかである。両者を比較すれば、後者の不合理性（無限後退の過誤）が浮かび上がるため、残された選択肢として、前者の方がより好ましい説明と結論される。

このうち、前提四については補足の説明が必要であろう。ディグナーガは最初の知覚知とその後に生じる想起とのあいだには因果関係が成立していると考える。(7) したがって青空の想起があれば、その原因に青空の知覚が想定されなければならないし、〈見ること〉の想起が成立しているのであれば、その原因として〈見ること〉の自覚が想定されなければならない。このような知覚と想起との因果関係を規定したものが前提四である。

では、この論証は本当に成功しているのだろうか。特に問題になるのが前提一と四である。この記述で、「色の想起のためにはその対象となる色、すなわち色の知覚像が先に直接経験されていなければならないこと」との比例関係により、「色の知覚経験の想起のためには、先に色の知覚経験そのものが直接経験されていなければならないこと」が本当に含意されるのだろうか。

この点について、トンプソンは次の解釈もオルタナティブとして想定可能であると論じている。

人は、自分が〈見ている〉ことに再帰的に気づくことなく、青空を見る。この知覚が続く青空の想起を引き起こす。そして、その想起にもとづいて、自分が青空を見ていたのだなと推理する。この考え方によれば、人はもともとの知覚の主観的な側面を推理するのであり、その主観的な側面を直接的に想起してはいない。ということは、その主観的な側面は、もともとの知覚経験のうちでも自覚されてはいなかったのである。（Thompson 2011: 163）

この説明は、後代の仏教徒シャーンティデーヴァが「ネズミの毒」の比喩で語ったことを下敷きとしている。冬眠中の熊がネズミに噛まれて毒に侵され、やがて春になって冬眠から目覚めたときに、熊は傷口のことを知るだろう。そして、冬眠中に何が起きたのかを推理することもできようが、その熊には、ネズミに噛まれた経験の自覚はない。この例が語るところでは、知覚経験の主観的側面は、知覚像の想起から推理を通して知られるものであり、知覚経験のその時点で自覚されるようなものではない(8)。

対立の焦点は、想起の働きをどのように理解するのかにある。ディグナーガ説が成立するためには、過去の知覚経験を想起する際に、そのときの知覚像だけではなく、知覚経験そのもの――知覚の主観的側面――もまた想起されている必要がある。そうでなければ、想起されるものは過去の知覚像だけに限られるのだから、シャーンティデーヴァが示唆する通り、〈自己認識〉を持ち出すまでもなく、知覚対象の想起があることから推理して、先行する認識が知られるとすればそれでよい。トンプソンはこの問題点に対して、仏教認識論の文脈から離れ、フッサールの想起についての考えを参照することで、ディグナーガ説を擁護することが可能であると考える。

フッサールは、現在と過去という現象的な時間の区別が可能になるのは、現時点での想起という現在の作用が対象と、すでに過ぎ去ったその対象の意識との両者をともに呼び覚ます場合だけである、と主張する。もしも想起という作用が過去の対象だけを再生するのであれば、どうしてその対象が〈過去性〉という特質をもつのかが説明できない。昨日の青空はもう消えてしまったのだから、それを再生するための唯一の方法は、その青空の像を再生することである。だが、もし昨日の青空が現時点で把握されている心象としてだけ現れるのだとすれば、どうしてその像が〈過去性〉という特質をもつことができるだろうか。現時点で現在想起されている対象が〈過去性〉という特質をもつ理由は、想起を行っている意識が二つの異なる志向的作用を有しているからなのである。すなわち、過去の対象を振り返るという作用と、その対象に対する過去の知覚作用とである。ただし、現時点の想起に過去の知覚作用が含まれると言っても、本当にそうなるわけではない。あくまでも志向的に、過去の知覚作用を含む、ということである。詰まるところ、想起という経験は意識を二重化することである。想起するということは、過去の対象を意識的に再現前化させながら、同時に、過去の意識も意識的に再現前化することである。この二重化こそが「今この現在に想起されているにもかかわらず、過去のものは過去のものとして、現在のものとは切り離されて存続する」ことを説明づける。

（Thompson 2011: 166）

ここでは、ディグナーガの〈想起からの論証〉の前提となる、「想起のなかでは先行する知覚対象のみならず、その知覚経験そのもののもまた思い出されている」というテーゼを、フッサールの議論によって補完することが試みられている。

トンプソンによれば、フッサールは過去の対象を想起する際には、〈意識の二重化〉が起こり、現在の意識のなかで過去の知覚対象を再生するだけでなく、過去の知覚的意識もまた志向的に再現される、と主張したとされる。では、フッサールは実際そのことをどのように語ったのだろうか。

フッサールは二種類の想起を区別する。一つは、第一次記憶としての「過去把持」（Retention）であり、もう一つは第二次記憶としての「再想起」（Wiedererinnerung）である。このうち、過去把持の方は、ある幅のある現在の意識経験を説明する概念である。例えば、一つのメロディーを耳にする場面で、二番目の音が聞こえる今このとき、意識は最初の音の知覚を把持しており、三番目にくるはずの音をあらかじめ期待（予持）する。こうして今の意識が連続して流れていくなかで、それぞれの意識は過去の意識を把持し、未来の意識を予持するという形で、持続的な対象像を作り上げるとともに、意識の流れそのものもまた一つの統一体として捉え返されていくのである。

一方、再想起の方は、過ぎ去った知覚を再生する働きをもつ。フッサールは、「昨日、灯りがともされた劇場を見たこと」を想起する場面を例として出しながら、その想起のなかでは、劇場の知覚が再生されていると述べる。[9] 想起というと、なにか過去の出来事を反省し、その出来事を対象化するイメージがあるが、フッサールが述べているのは、前反省的に、過去の知覚経験を再生することである。

この再生される知覚のなかで、劇場の像は、いったんは〈現在のもの〉として浮かんでくるのだが、その想起の時点で現に働いている知覚との関連から〈過去のもの〉として理解される。知覚こそが現在を現在たらしめる〈現在化〉（Gegenwärtigung）の働きをもつのに対して、この再想起の働きは「先行する知覚の〈準現在化〉（Vergegenwärtigung）」と呼ばれる。私たちは昨日の出来事を想起するときに、先に経験された知覚を今、あらためて再現することで、「そのときの現在」と「今の現在」という二つの現在の差として〈過去性〉を捉えている。

このようなフッサールの再想起の考えを踏まえるならば、トンプソンの記述は、過去のものが〈過去のもの〉として成立するためには、先の知覚対象（劇場）だけでなく、その知覚経験そのもの〈劇場を見ること〉が想起されるべき必然性を論じたものであることが分かる。もちろん、フッサールの時間論はこの短い記述に尽きるものではなく、特に前反省的な自己意識との関連からは、過去把持に関わる二重の志向性、特に意識の流れのなかに〈自己現出〉を成立させる延長志向性（Längsintentionalität）のことなど、考察すべき点は多く残されている。[10] また、フッサールは異なる時期に異なる時間論を展開しているため、上記の議論もフッサールの時間論の一断片にもとづくものである点も注意しておきたい。[11] そのような問題点を差し引けば、トンプソンがここで試みた、ディグナーガとフッサールの議論との接続は、比較思想の観点からは高く評価されるべきであろう。

第三節　必然的共知覚（sahopalambhaniyama）にもとづく自己認識の論証

ディグナーガの〈想起からの論証〉は、トンプソンの診断によれば、フッサールの想起論を接木し補完してはじめて完成する形の論証である。フッサールの議論は、想起においては過去に知覚された対象のみならず、そのときの意識もまた再現前化させる働きをすることを示す。一方、仏教内部の伝統に目を向ければ、ディグナーガの後継者であるダルマキールティは〈想起からの論証〉を理論的に支えるもう一つの論証として〈必然的共知覚による論証〉を用意していた。

本節では、この論証の内容を紹介し、主観性に関する現象学的アプローチ（自己意識からのアプローチ）と仏教的アプローチ（自己認識からのアプローチ）との相違点を明確にしていく。仏教認識論が言う自己認識の固有性とは何か。その答えは現象学の議論との比較を通してはじめて明らかになる事柄である。それは、無我説に対する従来の見方に〈転化〉を迫るものであると同時に、主観性をめぐる現象学的アプローチに対しても新たな視点を提示するものになるだろう。

ディグナーガが認識の二相性を証明するために提示した想起からの論証は、他学派および仏教内部から数々の批判を受けたことが知られている。それらの批判に対して、ディグナーガの後継者であるダルマキールティは、〈想起からの論証〉の成立要件を探ることで応答した。そのポイントは、想起にもとづいて認識の二相性を証明するのではなく、この議論をより原理的なところで支える認識の二相性そのものを証明するところにある。

ダルマキールティは、認識の把握対象とそれを把握する主体——正確には、認識内部に仮に想定される把握対象の相（対象像）と把握主体の相（認識それ自体の現れ）——とのあいだには不可分の関係があることを立証するための根拠として、「必然的共知覚」（サハ・ウパランバ・ニヤマ sahopalambhaniyama）と呼ばれる概念を導入する。[12] これは、知覚像とその知覚経験とは「一緒に」（saha）「知覚される」（upalambha）「必然性」（niyama）があることを意味するのだが、ダルマキールティがこの概念で意図したことを知るためには、彼の議論を丹念に分析する以外にはない。以下、『認識論決択』の関連箇所を引用し、解説する（なお、《　》に入れられたものは、それが詩節であることを示す[13]）。

〔A〕　さらにまた、《青とその認識とは必ず一緒に知覚されるから、無区別である》（PVin I 54ab）。というのも、青は〔その認識とは〕別々に顕現するものであるが、青の相はその認識と別体ではない。両者は必ず一緒に知覚されるからである。二月のように。というのも、両者のうちの片方が知覚されなければ、もう片方も知覚されることはないからである。

（『認識論決択』「知覚」章、三九―四〇頁）

ダルマキールティは最初に〔A〕で「必然的共知覚」にもとづく認識の二相性論証のアウトラインを提示する。ティミラ眼病と呼ばれる眼病（飛蚊症に相当する）を患う者にとって現象としては二つの月が現れているように見えても、その本体は単一の月であるのと同様に、認識に二つの相が現象していても、その本体は区別されない、というのが主張の内容である。

〔B〕以上のことは本質が別であれば当てはまらない。〔両者の〕〈結合関係〉という原因がないからである。一方、〔視覚知の発生には色や光などから成る原因総体が必要であるが、その原因総体のなかで同一の本質を共有する〕色と光とのあいだには「その〔色の〕視覚知を生み出す適合性の獲得」を特徴とする〈結合関係〉がある。あるいは「〔その視覚知を生み出す協因となる〕感覚器官の適合性が生じること」を特徴とする〈結合関係〉がある。それゆえ、光なしに色の認識はないだろう。結果は原因を逸脱しないからである。〔他方、色と光のあいだには〕間隙がないために、〔一緒に〕把握されるものとして特徴づけられているから、〔場合によっては〕光は色と一緒に把握されるかもしれない。〔だが、〕光だけが見られることもあるし、ある特定の種類の生物は光なしに色を見るのだから、両者は必ず一緒に知覚されるわけではない。[14] 一方、青の形象とその認識のあいだには〔一緒に知覚される〕必然性が確かにある。青と黄のように、両者が別々である場合には、そのような〔必然的共知覚〕はあり得ない。

（『認識論決択』「知覚」章、四〇頁）

この〔B〕段は難解である。ここには、「本質」（スヴァバーヴァ svabhāva）や「結合関係」（プラティバンダ pratibandha）というダルマキールティの存在論と論理学をつなぐ鍵概念が登場する。「本質」とは、そのものをそれとして存立させる固有の性質であるが、ダルマキールティは本質が異なれば、存在も異なると考えるため、単なる概念（犬性など）というよりも、実在のリアリティにかかわるものと見た方がよい(15)。また、「結合関係」とは、その本質を介した二者の関係を指す述語であり、両者が物理的に結びついていたり、一緒に並んでいたりするだけの関係（引用中では「間隙がない」と表現された関係）とは異なる点にも注意が必要である。

ダルマキールティは、私たちの認識の構造は、そこに映じる対象像とその認識それ自体という二つの現れから成るが、両者は同じ本質を共有するものだと考える。それはちょうど「明けの明星」と「宵の明星」とが記述（現れ）こそ違えども、同じ指示対象（金星）をもつのと同じようなものである。青という対象像が「見えている」ということ（対象像の顕現）と、それを当人がそう「見ている」ということ（認識それ自体の顕現）とは、実際は同じ本質であるものの二様の現れである。つまり、二つの現れは〈結合関係〉（本質を介した関係）で結ばれている。

ダルマキールティが提示する例は、視覚知の発生の場面における色と光との〈結合関係〉である。言うまでもなく、色と光とは通常であれば別々の存在であり、両者を同一とみなすことはできない。後で言われるように、色があって光がない場合やその逆に光があって色がない場合はいくらでもあり得る。しかし、ある特定の文脈に限れば、色と光とに同じ本質を認めることができる。それが、色の視覚知を生み出すに十全な原因総体を形成する場合である。色・光・眼が相互に近接した特殊な状態（原因総体）にある場合、次の瞬間には必ずその色の視覚知が生じることが約束されている。そのとき、色と光とは〈視覚知の生起〉という共通の目的に向かう協働作用を行う点で、同じ本質を有しており、両者は一緒に把握される。また、その段階の色と光とは同じ協働関係にある眼という感覚器官に対して協働作用を行っているという点でも同じ本質を有している。その意味で、色と光とのあいだには〈結合関係〉が認められる場合もある。しかし、いつもそうだとはかぎらない。その特定の文脈を離れた場合には、色と光とに〈結合関係〉はないのだから、色と光とはいつも必然的に一緒にあることが認められるのではない。それに対して、認識における対象像と認識それ自体の現れはいつも一緒に認められる。

では、そのことはどうようにして正当化できるのか。それが次の〔C〕段である。

〔C〕「対象は認識の原因として近在しているのだから、先に知覚され、〔結果である〕認識は後で〔知覚される〕」という反論があれば、《〔自らの〕知覚経験を自覚していない（認識）に対象認識は成立しない》（PVin I. 54cd）と答える。というのも，対象が知覚されるのは、対象が存在するからではなく、その知覚が存在するからである。そして、それ（知覚の存在）が正しい認識手段で根拠づけられていなければ、〔知覚の〕存在を根拠とする日常表現を制約することはできない。それ（知覚）が成立しなければ、対象もまた成立しないのだから，〔知覚の自覚が認められなければ，〕一切は消えてしまうだろう。たとえ〔対象が〕存在していても〔その知覚が〕成立していなければ、〔その対象を〕「存在する」と表現することはできないからである。

（『認識論決択』「知覚」章、四〇―四一頁）

ダルマキールティはまず、対象と認識（知覚経験）とのあいだには時間的な先後関係があり、両者はその点で区別されるとする反論を導入する。この反論者の見解は、外界実在論の立場であり、かつ、認識と対象とのあいだに因果関係を認める立場と見なしてよい。私たちの常識に近い考え方である。その考えにしたがえば、青とその認識とは〈同時知覚〉されようがないのだから、青とその認識との別体性が導かれる。

しかし、この反論はダルマキールティの立脚点を誤解している。私たちの〔B〕段落の理解が正しいとすれば、彼が〈必然的共知覚〉で強調したかったのは、青とその認識の〈同時知覚〉ではない。そうではなく、二項の片方が他方を必然的に含意することが重要なポイントだったはずである。その際、時間的先後関係は問題の中心にはならない。

その点を踏まえたうえで、あらためてダルマキールティの答えを見てみると、彼がここで「対象が原因となって認識を引き起こす」という因果的なモデル（時間的先後関係が問題とされるモデル）から、「認識の側が対象を規定する」という構成的なモデルへの転回を述べている点が注目される。

対象が知覚されるのは、対象が存在するからではなく、その知覚が存在するからである。

このことばに、カントのコペルニクス的転回との類似性を読み取ることはたやすい。カントが主観は対象にしたがうのではなく、対象が主観にしたがうとして、超越論的観念論の扉を開いたように、ダルマキールティもここで仏教的な観念論（有形象認識論）に傾いている。知覚経験における認識は、外的対象からの因果作用によってその対象像を写し取るといった作用を行うものではなく、その主体が望むような形で、対象を現出させる。知覚経験の場面で、ある対象の像が心に浮かぶということは、その認識がその主体に特有の仕方で自覚されることと表裏一体なのである。

ダルマキールティは、知覚経験それ自体を自覚することこそが対象認識としての知覚を根拠づけ、ひいては対象の存在とそれをめぐる私たちの行動へとつながることを、「それ（知覚の存在）が正しい認識手段で根拠づけられていなければ、それ（知覚の存在）を根拠とする日常表現を制約することはできない」と述べた。

目の前にリンゴを見て、私たちはリンゴが「有る」と考え、その対象を取り扱う。そのような対象の存在をめぐるさまざまな行為は、その対象の知覚があるからこそ起きてくるものだが、その対象の知覚とは何かを突き詰めて考えれば、その知覚経験の自覚が最終的な根拠になる。逆に、その自覚のない単なる知覚の存在は、それに伴われるべき日常表現や日常行為のさまざまなものを打ち消してしまう。

興味深いことに、註釈者ダルモーッタラは、その日常表現の内訳として、「対象が存在する」のほかに、「私により認識される」「私こそが行為主体であると認識される」など、明らかに主体を意図した表現を想定している。[16] つまり、ダルモーッタラは自己認識の働きを、私たちの主体－客体関係からなる日常的表現や行為を準備するものと見なしているのである。

以上が、ダルマキールティの認識論の核心部分にある〈必然的共知覚〉の論証である。

ダルマキールティが論じたように、認識の二相性はそれぞれの認識の〈本質〉という点から理解される。この〈本質〉は、〈差異化〉と〈存在化〉の二つの働きを担う。つまり、それぞれの認識はそれぞれの対象像の現れによって他の認識から差異化されると同時に、その認識それ自体が自覚されることを通して、存在する。

このような〈本質〉の捉え方は、仏教認識論で展開された独自の言語理論であるアポーハ論と密接な関連性がある。それは例えば、「牛」という語の意味機能を「非牛の排除」として理解するような考え方であり、普遍者の存在を認めない仏教的な存在論を反映している。同様に考えれば、私たちの認識もまた瞬間ごとに決定的に他と異なるものとして現れるものであり、普遍的なアートマン（我）を要請するものではない。だが、それぞれの認識がそれぞれで固有の存在であるという点に着目すれば、まさに瞬間的に生成・消滅する認識それ自体に、最小のレベルでの主観性の成立根拠を認めることができそうである。そして、それは無我説とも両立する非実体的な〈自己〉のあり方にもつながるだろう。

おわりに　光り輝く心としての自己

ここまで、トンプソンの論文を手掛かりとしながら、現象学の自己意識と仏教認識論の自己認識に関する議論とに類似性があることを確認してきた。彼の見立てでは、ディグナーガが自己認識を正当化するために提示した〈想起からの論証〉は、フッサールの内的時間意識に関する議論を接ぎ木することで、その欠点を補修できるとされる。だが、仏教認識論の伝統に目を向ければ、ダルマキールティが〈必然的共知覚〉の議論を整備することで、〈想起からの論証〉を支える議論を展開したのであり、そのことを踏まえれば、ディグナーガの議論を現象学で接ぎ木する必然性は認められない。

しかしながら、このことはトンプソンが提示した論点すべてを否定することを意味しない。むしろ、ダルマキールティの議論を踏まえることで、トンプソンが論文において問いかけた、「自己意識が自己の存在を前提とするように、仏教の言う自己認識もまたある種の自己の存在を前提とするのではないか」という根本的な問題に向き合うことができる。

先に記した通り、仏教認識論で言う自己認識の〈自己〉は、いわゆる実体的な自我（ego）のことではない。それは、ある瞬間に生まれる認識がそれに続く認識に依拠することなく、それ自体で再帰的に自覚されることを意味するのであり、この場合に〈自己〉が指示するのは当該の認識そのものである。

そのような認識が次々と継起することで、意識の流れ（心相続）が形成され、その意識の流れのうえに日常的にそうあると思い込んでいる「自己」が仮構される。このとき、本来の存在である意識の流れ、より正確には瞬間ごとに生成・消滅する認識の流れにおいては、そのつど、その認識が一人称的視点から自覚されている。ダルマキールティが、対象認識には必然的に〈認識それ自体の自覚〉が表裏の関係で伴われると言うとき、まさにその認識の〈主観性〉が主題化されていたと見るべきであろう。そのことは、この自覚を註釈者ダルモーッタラが「私は……認識する」などの日常的な表現や行為の根拠として考えたことからも傍証される。

私たちが日常生活を営むとき、自分たちは仮我《けが》の方のことだけを考え、通時的で持続的な存在としての自己を仮想して生きている。そのような自己は反省的意識からも捉えることができる。しかし、仮想の自己にも根拠がある。それが前反省的に働く自己認識である。それは日常的には忘却され、注意されることはないが、瞑想や精神集中を通して、意識の生成そのものに注意が向けられるときに、かろうじてそれとしてつかまれるものである。

この点、フッサールが純粋自我を「それはそれ自体では記述不可能」と述べたことと相通じるものがあるかもしれない。また、だからこそ、ディグナーガは想起の構造分析を通して、ダルマキールティは認識の二相性に必然性の関係があることを論理的に導こうと苦心しながら、記述困難な自己認識を描き出す努力をしたのである。それはほとんど仮説的存在と言ってもよい。ただし、ダルマキールティの場合には、彼自身の体験に裏づけられたと思われる記述も存在する。それは、自己認識を光のメタファーで語る次のような詩節である。

……我々にとって、認識は輝きを本性として、自らで輝き出す。それ以外のもの（対象）は、ここに〔自らの〕相を移行させることで、輝くものとなり、輝き出す。

（『認識論評釈』「知覚」章、第四八〇偈）

ダルマキールティにとって、主観性の成立根拠となるべき自己認識を突き詰めれば、このような心の輝きに行き着く。その輝きは、対象把握の瞬間ごとに、前反省的に自覚されているはずであるが、煩悩の汚れがあるために、私たちはそれを明瞭に捉え得ない。瞑想などの修行によって煩悩の曇りが取り除かれたときにはじめて、心の本性が顕現する。

この心は、本来、光り輝く。さまざまな汚れは偶有的なものである。

(『認識論評釈』「プラマーナの確立」章、第二〇八偈前半)

ダルマキールティのことばは、原始仏教から伝えられる本性清浄《ほんしょうしょうじょう》の心についての教えを継承しながら、そこに自己認識の自己光輝性を重ねているように思われる。この本性清浄の考えは、仏教的な真実の自己を問う仏性思想や如来蔵思想《にょらいぞうしそう》にもつながるのだが、彼の意図はさらに別のところにあったのかもしれない。自らのうちに瞬間の煌《きら》めきを発する光のメタファーで語られる存在を認め、そこに主観性の根拠となる〈自己〉を見出すことが、その狙いだった可能性は十分にありうる。すくなくとも、自己認識について考察をめぐらしてきた私たちの眼には、無我説のドグマを超えて、主観性を成立させる非実体的な〈自己〉が仏教でも説かれることに、もはやなんの不思議もないからである。

終　章　信仰と理性の中道を目指して

あなたはどの宗教を信じていますか？　このような質問に出くわすことがしばしばある。そして、そのたびに「信じる」ということばを前にして不安な気持ちになる。はたして自分はいかなる宗教を「信じて」いるのか。

もちろん何も考えなければ、「私は仏教を信じています」という答えを返せるのだろう。だが、「私は仏教を『信じて』いるのか」と自問しはじめると、自分が仏教を信じているのか、信じていないのか、まるで分からなくなる。

自分と仏教とのあいだにあったはずの安定した関係がガラガラと崩れ、仏教とのまっとうな向き合い方が分からなくなってしまう。そこにさらに畳みかけるように、質問の二の矢が飛んでくる。

――なぜ、あなたは仏教を信じているのですか？

この問いは強烈である。仏教を信じることはとっくに前提とされているらしい。困ったな。「なぜ」という疑問詞がある以上、答えには「……だから」という理由が求められているのだろう。しかし、私が仏教を信じている理由とは何なのだろう？

寺院の子息に生まれたから？　大学で仏教の勉強をするようになったから？　いずれの理由も、ほかでもないこの自分自身が、自発的に、あまたある宗教のなかから仏教を選んだことを決定づけてはいない。そのことは私自身がよく分かっている。

しかし、もしも仏教を語るのであれば、まさにその地点からあらためてスタートしなければならない。

――なぜ、私は仏教を信じているのか？

もしかしたら、この問いに答えを出すために、私は仏教認識論の世界に足を踏み入れたのかもしれない。これまで見てきたように、仏教認識論はイギリス経験論や現象学に類似した思索を展開したダルマキールティによって体系化された仏教哲学である。ダルマキールティとその後継者たちは、「プラマーナ」、すなわち正しい認識と間違った認識とを峻別するための物差しを探究した。[1]突き詰めれば、それは知覚と推理の二種類となる。

知覚と言っても、ここでのそれは、私たちが通常そう考えるところの知覚ではない。概念や思考を離れた純粋な経験こそが仏教認識論で言われる知覚である。

一方、概念的な認識に関して言えば、日常的なさまざまな経験のほとんどは、確固たる根拠に拠ることなく、これまでの習慣で馴染んだ物の見方をただ繰り返すだけであり、未知の真理を探究するための手段にはなり得ない。真理を知るために役立つのは、妥当な根拠にもとづいて結論を導き出す論理的な思考、すなわち推理である。

知覚と推理というこの二つの武器を手にした私に対して、今や、ブッダは語りかけるだろう。

――知覚と推理を使って、仏教を徹底的に検証せよ。

ブッダが教えたことを振り返ってみる。まず思い出されるのは、「一切皆苦《いっさいかいく》」の教えである。生きることは苦しみに満ちている。生きとし生けるものは生老病死の苦しみから離れることはできない。この教えに対して、自らの経験から何が言えるだろう。

仏教では、苦や楽の経験は「感受作用」（受《じゅ》）と呼ばれる。私たちは日々、苦しみを感受することもあれば、楽しみを感受することもある。しかし、熟練の修行者であれば、その認識が間違いであると分かる。刻一刻と変化する心身の諸要素に意識を集中させれば、苦の真実が明らかになる。こうして「一切皆苦」というブッダの教説は知覚を通して吟味・検証される。

次に、「諸行無常」の教えについてはどうだろうか。アビダルマ仏教の体系では、ブッダが教えた存在要素（諸法《しょほう》）は、有為法《ういほう》と無為法《むいほう》に二分される。前者は作られたもの、すなわち、無常のものであり、後者は作られていないもの、すなわち常住のものである。このうち、ありとあらゆる有為法は、作られたものであるからには、やがて滅する時がくる。生あるものは必ず死に帰するのであり、盛者必衰は世の習いである。

ダルマキールティは「諸行無常」を「刹那滅《せつなめつ》」として理解する。あらゆる事物は瞬間ごとに生成し消滅する。ヨーガ行者であれば、刹那滅を直接的に知覚することもできようが、それ以外の人々にはこの事象は思弁的にしか理解され得ない。すべての有為法が刹那的な存在であるとはいかなることか。ダルマキールティは、「存在性」を「因果効力を有すること」と定義することで、この定義が「非-刹那的なもの」には当てはまらないことを思弁的な考察を重ねて論証した。私たちも彼の著作を読むことで、その思考のプロセスをたどることができる。こうして、「諸行無常」は推理を通して吟味・検証される。

同様にして、「諸法無我」として知られる無我の教説についても、推理を通して吟味・検証される。バラモン教の諸学派が説くアートマン（霊魂）に関する議論を丹念に見ていけば、その存在を否定する仏教徒たちの議論の方が理にかなっていることが知られよう。

以上に述べたことは、ダルマキールティが提示した聖典検証の論理にもとづいている。彼が生きた時代――長く続いたグプタ朝が崩壊し、ハルシャ王（戒日王《かいにちおう》）が北インドを統治していた――には、ヒンドゥー教が勢力を強め、仏教やジャイナ教に衰退の兆候が見えはじめていた。仏教とジャイナ教、バラモン教・ヒンドゥー教諸派では、それぞれが崇拝する対象は異なる。ブッダか、マハーヴィーラか、それともヴェーダ聖典か、あるいはシヴァやヴィシュヌなどのヒンドゥー教の神格であるのか。そのいずれを真に依拠すべき宗教的権威として認めるべきかという問題は、当時の各宗教や学派を代表する思想家たちによって盛んに議論されていた。

そのような時代に生まれたダルマキールティは、他宗教や他学派の並みいる論客たちをまえに論陣を張り、ブッダこそが私たちを人生の目的へと導く存在、すなわちプラマーナであることを明らかにした。

ダルマキールティの考えでは、さまざまな聖典にはそれぞれの流儀で解脱への道が示されているものの、慎重に吟味を行えば、そのうちのいずれが正しい導き手となるかが合理的に定められる。まず確かめるべきは、人を解脱へと導く聖典とはいかなるものであるべきなのか、その特質は何か、という点である。彼は三つの特質を列記する。(2)

(1) 聖典を構成するもろもろの文章が整合的であること。無意味な文章の羅列などがある場合、そのような聖典は信頼に値しない。

(2) 聖典が設定する目的に対する適切な手段が述べられていること。どんなに素晴らしい目的が掲げられていても、その実現手段が不可能であれば、その聖典を承認することはできない。

(3) 人生の目的が明示されていること。人間がはたすべき目的が述べられていなければ、それは聖典ではない。

以上の三条件を満たすことが求められる聖典のうち、いずれの聖典が信頼に値するものなのか。そのことを確認するための方法として、ダルマキールティは〈検証による聖典の確認〉と〈実践的な見地からの聖典の確認〉の二つを提示する。

第一の方法では、聖典で説かれる事柄すべてに注意を払い、そこに矛盾や破綻がないかどうかを自らの知覚と推理で判断していかなければならない。ダルマキールティは次のように説く(3)。

一、知覚可能な対象に関しては、知覚を通してその真偽を判断する。例えば、仏教が説く五蘊については、知覚によりその正しさを知ることができるが、他学派が説く存在(例えば、ヴァイシェーシカ学派が説くカテゴリー的存在)はそうではない。

二、推理による検証によって、仏典が説く「諸行無常」などの命題の正しさは認められるが、他学派が説くアートマンの存在などは否定される。

三、通常の推論では扱うことができない超感覚的対象に関しては、同じ聖典のなかでその対象について矛盾する記述がないかどうかを確かめる。例えば、「アダルマ」と呼ばれる、悪果《あっか》をもたらす潜在的な力の存在について、ある箇所では「沐浴で滅することができる」という風にあたかも物理的な存在であるかのように記述しておきながら、別の箇所で「それは精神的なものである」と記述することがあれば、その聖典を信頼することはできない。

注意しなければならないのは、第三のポイントはあくまでも、超感覚的対象に関して矛盾した事柄を説く聖典を「信頼できないもの」として排除するブラックリスト的なフィルタリングのやり方であり、超感覚的対象に関して信頼ある聖典を抜き出すホワイトリスト的なフィルタリングではないという点である。私たちは自らで超感覚的対象を知る術をもちあわせてはいないからである。しかし、上記のようなチェックを経た後であれば、「知覚や推論で検証できる限りでは正しいことを述べていても、超感覚的対象に関しては間違っているかもしれない」という疑念は残るにせよ、他に道はないから（アガティヤー）、修行者はその聖典を頼りにして行為を開始することができる。

一方、より実践的な見地から、信頼ある聖典とそうでないものとを見分ける方法もある。ダルマキールティは、人生において真に受け取るべきものは何か、捨てるべきものは何か、そのための手段は何かということを明確に説いた聖典であれば、それを信頼して行為を起こすことが可能であると説明する。例えば、ブッダが説いた四聖諦《ししょうたい》の教えには、原因と結果の関係から、苦とその原因、その原因を取り除くための手段までが整合的に説かれている。この点をよく理解すれば、苦しみの問題を解決する実践の教えとして、仏教が有力な候補となるだろう。

以上のことは、ダルマキールティが今から千四百年以上前に説いた事柄であり、現代でもそのまま同じ理屈が通じるとは限らない。現代を生きる私たちの「物差し」の重要な部分は科学的知識で埋められている。そのために、科学的な根拠と齟齬をきたすような内容であれば、「非科学的」とのレッテルが張られ、さらに「非科学的なものを信じるのはナンセンスである」という前提のもとに、そのような内容を説く宗教は「非合理的」として切り捨てられる。その意味では、他のインドの諸宗教と同じく輪廻的世界を前提とする仏教の世界観は非科学的なものと言われるかもしれない。また大乗仏教が説く阿弥陀仏や大日如来などの他方仏の存在も同じく非科学的なものに映るだろう。

た、仏教のなかにある呪術的な要素も非合理的なものに分類されるのは間違いない。

だが、この点について少し立ち止まって考えてみたい。はたして、先に述べたような仏教の事柄はすべて「知覚や推理で検証可能」なものなのだろうか、と。それらはむしろダルマキールティが言う「超感覚的領域」、すなわち私たちの通常の知覚や推理が及ばない領域の問題ではないだろうか。実際、輪廻転生などの事柄について、科学は肯定もしなければ否定もしない。それらは、科学の領分とは異なる地平にあると考えた方がよいだろう。そして、その領域にあるものについては、ひとまずは判断保留しておくのが、合理的な態度ではあるまいか。

しかし、いつまでも判断保留しておくわけにはいかない。その領域には、解脱へと向かう実践に関わる項目もふくまれるからである。そこでダルマキールティが提案したのは、任意の聖典に関して、もしもその聖典で説かれる内容のうち、検証可能な事柄についてはすべて正しいことが確かめられたならば、同じ聖典が説く検証不可応な事柄についても同様に正しいと認めて実践に努めた方がよい、という原則である。

この原則は、「不十分な証拠をもとにして何かを信じることは、いつでも、どこでも、誰に対しても間違っている」というクリフォードの原則とは相容れない。クリフォードの原則に立てば、超感覚的領域にある事柄についても、なんらかの形で証拠が出されない以上は、その正しさを認めるべきではないからである。しかし、ここにはもう一つの道がある。それは、クリフォードの原則に反し、たとえ証拠に疑念があるにせよ、それ以上は私たちの能力では検証不可能なのだから、その聖典の暫定的な信頼性に鑑みて、その聖典にしたがう行為を選択する態度である。この道は、ウィリアム・ジェイムズによって次のように記されている。

われわれは真理の追究を至上とみなし誤謬の回避を二義的とするか、あるいはその反対に誤謬の回避をよりいっそうの緊急事として扱い真理の方は運まかせにするか、のどちらかになるだろう。クリフォードは先に引用した示唆にとむ文の一節で、この第二の行き方をわれわれにすすめている。彼の説くところによると、不十分な証拠でもってけりをつけることによりウソ偽りを信じるという恐ろしい危険をひきおこすくらいなら、むしろなにも信じず、永久に判断を停止させたほうがいい、のである。しかし諸君は、誤謬におちいる危険も本当の知識のめぐみと比べればものの数ではなく、真理をつきとめる機会を無期延長するくらいなら、むしろ探究のさいにたびたび欺かれることも厭わない、と考えるだろう。私自身としてもクリフォードに同調することはできないとおもう。（ジェイムズ一九六一、二六頁）

信仰に関わる事項については、我々の理性の及ばぬ領域が必ずふくまれる。聖典で説かれる事柄について、可能な限り、自分たちの理性を通して検証を行ったとしても、そこにはおのずと限界がある。さて、その場面で我々はどうすべきか。聖典の内容に疑わしさが残る以上は、間違いがあり得ることを重視して、その聖典にしたがう行為を避けるべきなのか。あるいは、「人事を尽くして天命を待つ」ではないとしても、検証として行うべきことは十分に行ったのだから、それ以上のところについては、真理追究の可能性を重視し、聖典にしたがう行為を行う方へ「賭け」るべきなのか。ジェイムズに言わせれば、後者の道こそが「勇気ある」選択である。そして、ダルマキールティもまた同じ道を推奨する。

ここまでの議論を通して、「なぜ、私は仏教を信じるのか」という問いかけに対する答えのヒントが見つかったように思われる。まだ十分とは言えないまでも、おおよその答えは次のようになる。

——これまで仏教を学び、研究することを通じて、その教えの内的な論理のつながりに大きな破綻を見つけるにはいたらず、むしろ、そこには自己と世界に対する見方を根本から変革させる洞察がふくまれているように思えてならない。だから私は仏教を信じる。

最後の「信じる」は、正確には「信じたい」という願望であり、確固とした信仰を表明してはいない。信仰は宗教的行為を伴うが、私の場合、その境地はまだ遠い先にある。言い訳のようになってしまうが、ここでの「信じる」は厳格な意味での信仰よりも緩やかな意味で理解していただきたい。ともあれ、ここで強調しておきたいのは、「仏教を信じる」前段階には「仏教を知る」過程が必ず必要であるということ、そして「仏教を知る」ためには「仏教を疑う」過程もまた必然であるということである。

振り返ればそのことは、仏教の開祖であるブッダその人が弟子たちに語っていたことではなかっただろうか。パーリ語聖典にある「カーラーマ経」(「ケーサムッティ経」)では、自説の正しさを誇り、異説を誹謗中傷する沙門やバラモンたちのことばを聞いて、それらの諸説の正邪をどうやって判断すればよいのか、という質問がカーラーマ族の人々からブッダに投げかけられるのだが、それに対してブッダは次のように答えたとされる。

カーラーマの人たちよ、あなたたちが疑問を持つのは当然であり、疑念を持つのは当然である。疑問のあるところに疑念は生じる。さあ、カーラーマの人たちよ、あなたたちは風説にもとづいて信じてはいけない。伝承にもとづいて信じてはいけない。聞き伝えにもとづいて信じてはいけない。三蔵の伝承によるからと信じてはいけない。思考にもとづいて信じてはいけない。理論にもとづいて信じてはいけない。自分たちの審慮して許容した見解にもとづいて信じてはいけない。説く人の有能そうなすがたにもとづいて信じてはいけない。「この沙門は私たちの先生である」ということによって信じてはいけない。（浪花二〇一七、一二〇頁より一部改変）[4]

ここに挙げられるさまざまな理由は、人々が何かを判断するときに、頼りにしがちな要因の一覧である。これを読んでフランシス・ベーコンの四つのイドラを想起する人も多いだろう。現代風に言えば、さながら情報リテラシーの一覧と言ったところだろうか。伝聞や風説、フェイクニュースの類に流されることなく、信頼ある情報を見分けるためには、正しい物差しで真贋《しんがん》を見分ける眼をもたなければならない。それも単なる机上の空論、思索のための思索ではなく、実践に裏付けられた思索で物事を判断しなければならない。そして、教えを説く人が権威ある人だからという理由だけで、その教えに盲従してはならない。ここに書かれてあることは、仏教以外の宗教にのみ向けられたものではない。ブッダは、彼自身の教えに対しても、人々が同じような批判精神をもって吟味すべきことを説き示した。

仏教の根底にあるこのような批判精神は、他の宗教にはあまり見られない異色の教えである。そこに仏教の魅力を感じる人も多いようだ。分子生物学を学んだ後にチベット仏教の僧侶となったマチウ・リカールは、父親である哲学者ジャン＝フランソワ・ルヴェルとの対話で次のような発言をしている。

宗教というものを、その教義の真理をみずから発見することもなしに、ひたすら盲目的な信仰によって受け入れなければならない、ある特定の教義への帰依と解するならば、仏教はもっとも高度な形而上学的な真理に結びついているのは確かです。信仰を内的真理の発見から生じる揺るがぬ内奥の信念と解するならば、仏教は信仰を排除するものではありません。信仰はこうした内面的変革を前にしたときに生じる驚嘆です。他方、仏教は有神論的伝統ではないという事実から、たとえば、多くのキリスト教徒は、仏教は通常の意味でのいわゆる「宗教」だとは考えないようになりました。ともかく仏教は「教義」ではありません。仏陀はつねにこう言っていたからです。「私の教えをよく吟味し、深く考えなさい。しかし、私への畏敬の念だけで教えを受け入れてはならない」と。精神的完成への諸段階をたどりながら、仏陀の教えに真理を発見しなければならないのです。金塊を調べるように教えを確かめなければならないと仏陀は語りました。純金かどうかを知るためには平たい石の上で金をこすり、たたき、火にかけ、溶かします。仏陀の教えは《悟り》への道、精神と現象世界の本質についての究極的認識への道の旅日記のようなものです。

（ルヴェル／リカール二〇〇八、三八頁）

ここでブッダが語ったとされる、「私の教えをよく吟味し、深く考えなさい。しかし、私への畏敬の念だけで教えを受け入れてはならない」ということばは、仏教認識論の文献でもしばしば引用される。例えば、ナーランダー大僧院を率いたシャーンタラクシタ（八世紀）は、先に見たダルマキールティの議論も参考にしながら、人々がなぜ他の宗教的指導者ではなく、ブッダこそを真の教師として信奉するのかという問題について、それはブッダが語ることばだけが私たちの吟味・検証に耐え得るものだからだと答えている(5)。

ブッダからダルマキールティへ、そしてシャーンタラクシタからダライ・ラマ十四世へと連綿と語り継がれてきた教えには、いずれもこの自己批判の精神が息づいている。仏教は盲目の信仰を徹底的に排する。仏教を求める者たちは、幾度も幾度もブッダのことばを反芻し、その内容を自らで検証・吟味しなければならない。寺院の説法で、あるいは仏教の本を読みながら、単にその教えをありがたく拝聴するだけではいけない。自らの解脱という最終目的の達成が賭けられているからこそ、そのことばが信頼に足るものかを丁寧に考察する必要がある。

また、同じ理由から、科学の名のもとに宗教的なものが切り捨てられることにも慎重さが求められよう。科学的な思考と宗教的な信念とは両立不可能であるという世間の通念に対しても、批判的な眼差しが投げかけられねばならない。この点で、西田幾多郎が最後の論文「場所的論理と宗教的世界観」の冒頭で記したことばが思い出される。

……特に宗教に至っては、多くの人は自己は宗教というものを理解せないという。自己には宗教心というものはないともいうであろう。特に学者たちはこれを以て誇となすものもある。宗教といえば、非科学的、非論理的と考えられる、少なくともそれは神秘的直観と考えられる。神が自己に似せて人間を作ったのではなく、人間が自分に似せて神を作ったともいう。宗教は麻酔薬ともいわれる。盲人と色を談じ、聾者と音を論ずることはできない。理解せないというならば、それまでのことである。私は人に宗教を説く資格あるものではない。しかし宗教は非科学的なるが故にとか、非論理的なるが故にとかいうならば、私はこれに従うことはできない。私はこれだけのことを明にして置きたいと思う。（西田一九八九、三〇〇頁）

西田は宗教の科学、宗教の論理をこの最後の論文で追究した。この難解な思索を、私はまだ理解できてはいない。ただ、彼が繰り返し強調したことが対象論理的な見方の弊害を指摘することにあったことはよく分かる。対象論理的な見方とは、詰まるところ、主客の分離を前提として、観察する主体から独立に観察される世界を客観的に措定しようとする見方である。それは私たちの日常的な物の見方であると同時に、（量子力学以前の）科学的な世界観を支える見方でもある。それに対して西田は、「物となって見、物となって聞く」主客の対立を超えた見方を提示する。それは浄土真宗の二種深信《にしゅじんしん》に見られるような宗教的信仰の世界に通じる。西田はそのような宗教的世界と物理的世界とは等しく場所的論理と呼ばれるもので統一的に把握できることを論じようとしている。そして、そこにおいて、宗教と科学、そして論理とは新しい関係を結ぶことになるだろう……。

明治日本を代表する哲学者がその生涯の最後にたどり着いた境地は難解である。いずれいつの日か、このテキストを語れる時がくれば、あらためて論じることにしよう。

今はここに書かれた西田の思索のなかに、私たちが見習うべき洞察がふくまれていることにのみ注意を喚起しておきたい。それは、仏教をふくめた宗教というものに対して、私たちは自分たちに馴染みの「物差し」(例えば、科学)を絶対的なものと決めつけるべきではないということである。これまで論じてきたことと矛盾しているように聞こえるかもしれないが、ブッダのことばを自分たちの「物差し」で吟味・検証しなければならないのはその通りだが、その「物差し」そのものも批判的に吟味され、変容させるべき側面があることを忘れてはならない。本書で論じてきた通り、ダルマキールティは最終的に主客の分裂を超えた不二の世界を目指しながら、私たちの吟味・検証の精度を次第に微細なものへと変化させることの大切さを説いた。その意味では、科学もまた変容するものであり、西田が試みたように、仏教や宗教と共働し得る科学モデルの可能性が模索されてもよいはずである。そして、そのことを考える哲学的な思索もまた仏教的な実践の一部を形成してしかるべきである。

このような仏教の捉え方は、学問が信仰の妨げになるかのように考えられている日本仏教の一部には受け容れられないだろう。むしろ、反発を招く結果になるかもしれない。それでも私自身の経験から言えることは、仏教と哲学とは切り離せないということである。インド仏教の伝統にまで遡れば、仏教とは本来、きわめて知性的な教えだったのであり、その教えを求める者たちにある種の哲学的思考を要求してきた。仏教を哲学することからはじまる仏教の実践があることを、私たちは忘れるべきではない。ダルマキールティに代表される仏教認識論の伝統はその代表であり、日本の仏教徒たちもそこから学ぶことは少なくないはずである。未来の仏教徒が歩むべき道は信仰と理性の中道にこそある、と私は考える。

註

凡例

引用文のなかの〔 〕は著者による補いを、（ ）は言い換えや説明、原語の補足を示す。

邦訳があるテキストの引用は基本的に邦訳の書誌情報で示す。他の邦訳を参考にして筆者が訳した箇所については、原著の情報も掲載する。

序章　比較思想から見た仏教認識論

（1）Jay Garfield & Bryan Van Norden, "If Philosophy Won't Diversify, Let's Call It What It Really Is," *The New York Times*, May 11, 2016.

（2）近年の優れた成果として酒井（2020）などがある。

第一章　ダルマキールティと仏教認識論の伝統

（1）「ダライ・ラマ法王十四世公式ウェヴサイト」の以下の情報による。URL=http://www.dalailamajapanese.com/news/2016/20161011（最終アクセス 2021.1.9）

（2）チベット仏教におけるダルマキールティ思想の受容については、Dreyfus (1997) に詳しい。

（3）以下の経量部の記述については、御牧（1988）、加藤（1989）を参照。

（4）ディグナーガの認識論と論理学については、桂（1984）に詳しい。

（5）以下、ダルマキールティの生涯と思想については、宮坂（1984）、Eltschinger（2010）、Tillemans（2017）、Franco (2017) を参照。

（6）ダルマキールティの認識論および論理学関係の著作についての書誌情報などは、宮坂（1984）、塚本他（1990）、Steinkellner & Much (1995) に詳細な記載がある。

（7）ダルマキールティの注釈者たちの情報は、宮坂（1984）を参照。

（8）シチェルバツコイについてはRuegg (1977)、木村（1998: 16f.）を参照。

（9）サーンクリティヤーヤナの調査旅行については、Sāṅkṛtyāyana (1935) (1937)、Steinkellner (2004) を参照。

（10）服部の経歴と業績については、インド思想史研究会編『インド思想史研究』第六号（服部正明博士退官記念論集）(1989) を参照。

（11）日本のインド哲学研究の俯瞰と今後の課題については、片岡（2008）が詳述している。

第二章　仏教認識論の基礎

（1）プラマーナの数についての諸説をめぐっては、『論理の雫註』所収のドゥルヴェーカ・ミシュラの記述（DhPr 35.16-21）を参照。

（2）アルターパッティの訳語については志田（2020）を参照。

（3）詳しくは、村上（1991: 171–186）を参照。

（4）ニヤーヤ学派と仏教認識論におけるプラマーナとその果報については、三代（2012）を参照。

（5）『認識論評釈』「プラマーナの確立」章の冒頭七偈を中心としたダルマキールティの議論の分析については、

Katsura (1984), Dunne (2004: 374–390), 小野（2012）を参照。

（6）このような考え方は、ある認識（信念）の正当化のためにはその認識をもつ人の心のなかにある基礎的な信念が必要であるとする内在主義の考え方とは異なる。むしろ、その認識が形成されるプロセスの信頼性に訴えるかたちで、真なる信念の正当化を目指す外在主義の考え方と親和性があるだろう。今はこの点についてこれ以上踏み込むことはできないが、ダルマキールティの議論を真理論としてではなく、認識の正当化の理論として捉え直すことは今後の課題となるだろう。ダルマキールティの認識論における〈正当化〉の問題について詳しくは、Tillemans (1999: 7) を参照。

（7）「欺きのなさ」をめぐるディグナーガからクマーリラ、そしてダルマキールティまでの展開については片岡（2003）に詳しい。

（8）ダルマキールティがブッダというプラマーナをどのように捉えていたのか、という点については稲見（1989）, Franco (1997: Chap. 1) に詳しい。

第三章　仏教認識論と所与の神話

（1）ラッセルのセンスデータ論の展開については高村（2013）に詳しい。センスデータ論一般についてはフィッシュ（2014）が論点を整理している。

（2）以下、セラーズの議論については、三谷（2011）、岡本（2012: 33–51）を参照。

（3）Cf. Brandam 1997: 176–177. なお、セラーズは所与の神話の議論を通して、基礎づけ主義を批判したといわれるが、それは決して経験的知識に基礎がないことを主張するためではなかった。「これは緑色である」という観察報告に他の経験的な諸命題が依拠することを彼は否定しない。だが、その観察報告が逆に経験的な諸命題に依拠することもまた認める点に彼の独自性がある。「人は、緑をその一要素としてもつところの一連の諸概念をもってはじめて、〈緑〉の概念をもつことができる」という彼の言葉が示すように、「これは緑である」という観察報告が成立するためには、その前提として、概念のネットワークが先に成立していなければならないのである。このようなセラーズの考えは、ことばの意味を〈差異〉の体系として捉えようとするディグナーガやダルマキールティのアポーハ論とも比較可能である。この点は将来の課題としておきたい。

（4）以下の議論の前提となる仏教認識論の知覚論については、船山（2012）が最新の学説を踏まえた解説を与えている。

（5）『認識論評釈』「知覚」章二二三―二二四偈、戸崎（1979: 319–320）を参照。

（6）ディグナーガの自己認識論については片岡（2012）を参照。また、ダルマキールティの自己認識論については、桂（1969）に詳述される。

（7）基礎づけ主義と正当化の問題については、戸田山（2002）、Bonjour & Sosa (2003) を参照。

（8）仏教認識論の場合、知覚や推理というプラマーナは、それを通して事物の真偽を見分けるための基準であり、ある認識がプラマーナであるかどうか、すなわちその認識の確実性は、その認識にもとづく行為が期待される目的を実現するかどうかで確証される。より詳しくは、その認識が過去の同種の経験を通して習慣化されたものであれば、その認識それ自体でその妥当性は定まるが、そうでない場合には、後続する行為に関する認識により正当化される。これに対して、その後続する認識の妥当性がさらに別の認識により正当化される必要があるのではないか、という反論があるが、後代の仏教徒（シャーンタラクシタやカマラシーラ）は、それについては自己認識が働き、自己認識はそれ自体で正しいものとされるので、無限遡行の過誤はないと答える。Cf. TSP 942.19-22, Tillemans (2003: 98, 117f., n. 14).

（9）基礎づけ主義のなかでも、基礎的な所与を不可謬のものとみなす立場は強い基礎づけ主義である。それに対して、穏健な基礎づけ主義の場合には所与は必ずしも不可謬のものとはみなされない。その意味で、形象の可謬性を保持したままで、基礎づけ主義の立場をとることも不可能ではない。

（10）スライドする分析尺度およびそれに依拠したシャーンタラクシタとカマラシーラにおける所与概念の分析につ

いては、McClintock (2003) を参照。
（11）『認識論評釈』「知覚」章二一九偈。

第四章　知覚と存在

（1）ダルマキールティの存在論については、沖（1982b）、桂（2002）、稲見（2012a）に詳しい。
（2）ダルマキールティによる独自相・共通相の定義は次の詩節に見られる。「正しい認識手段は二種である。認識対象が二種だからである。（一）目的実現の能力があるか、ないかのいずれかであるから。〔ただし、ティミラ眼病者に見える〕毛髪などは対象ではない。対象として確信されていないからである。（二）類似するものか、類似しないものかのいずれかであるから。（三）言葉の対象となるか、言葉の対象とならないかのいずれかであるから。（四）他の原因がある時に〔それがなくても〕それの認識が生じるか、そうでないかのいずれかであるから」（『認識論評釈』「知覚」章、一―二偈）。翻訳は、戸崎（1979: 57–61）、稲見（2012a）を参照。
（3）先の稲見（2012b）の指摘を踏まえれば、ここで「物がもつ」とされているところを「物の構成要素がもつ」と理解すべきかと思われる。なお、〈アルタ・クリヤー〉の語義解釈に関連する諸資料は、金子（1997）に詳しい。
（4）独自相、すなわち因果効力をトロープとして捉えることについては、Tillemans (2017) が提案している。
（5）櫻部（1996: 98）を参照。
（6）この箇所の分析は『認識論集成』「知覚」章第四偈後半とその自註で展開されたディグナーガの議論を下敷きにしている。Cf. Hattori (1968: 26–27).
（7）知覚対象の二条件はディグナーガの『認識対象の考察』に由来する。そこでは最初に、個々の原子であれ、原子の集合体であれ、いずれも認識対象としての二条件（原因性と相似性）を満たさないことが論じられ、最後に、真に認識対象として認められるべきは認識内部の形象であると結論づけられる。この結論は瑜伽行派の立場から導かれたものであり、本文で論じた経量部的な立場からの議論とは異なる。

（8）仏教認識論におけるヨーガ行者の直観については、岩田（1987）、川崎（1992: 237–260）、船山（2004）、Dunne (2006)、石田 (2015)、護山（2018）などを参照。また、インド仏教における瞑想の議論と坐禅との関連については、船山（2020: 132-161）の考察が参考になる。

（9）『論理のことば』のテキスト（TBh 20.1–9）と翻訳では五つの問いの後に五つの答えが提示されるが、ここでは第一と第二の問いに対して、それぞれの答えを提示する形に改めた。

（10）無常性のようなヨーガ行者の直観の対象を正しく記述するためには、仏教のアポーハ論への参照が不可欠である。アポーハ論とは、語の対象は「非牛の排除」のように否定として捉えられるという考え方であり、その議論では、実在の世界でも同様のアポーハ、すなわち、事物相互の排除関係が成立しているとされる。この実在レベルのアポーハをおそらくは念頭に置きながら、ダルマキールティより後代のカマラシーラは、一切を認識するブッダの認識対象は「異類の諸事物より排除された独自相」であると論じている。船山（2000）が指摘した上記の点は、ヨーガ行者の直観の対象がなぜ共通相ではなく独自相なのか、という問題を考えるうえできわめて重要なポイントになる。

（11）『認識論評釈註』（PVV 115.24）および『認識論評釈荘厳』（PVA 190.26–27）の記述による。

第五章　構想力と実体視

（1）ダルマキールティの〈アディヤヴァサーヤ〉については、桂（1989）がその認識論の体系における位置づけを明確にしている。その後、沖（1990）が外界の対象知覚におけるアディヤヴァサーヤの機能を考察し、福田（1999）がダルマキールティの『認識論評釈自註』における用例からその意味するところを明らかにした。近年では、中須賀（2014）（2019）、中須賀・石村（2018）などがさらに詳細な分析を加えている。本章の記述はこれまで積み重ねられてきた諸研究に対して、文献学的にはなんら新たに付け加える類の成果はないが、この概念の哲学的意義については新たな光を当てることができたと考えている。

(2) この個所の解読は、Eltschinger et al. (2018: 88–89) の成果を参照した。

(3)『認識論決択』は近年、そのサンスクリット語写本が発見されたことで、その原典が知られることになった。それまではチベット語訳と他論書に引用される断片から地道にテキストの復元作業が試みられてきた。Steinkellner (1979) がその優れた成果であり、引用の訳もその独訳を参照している。ただし、「(人の)行為開始」のところは別の理解を示した。

(4) カントの構想力に関する以下の記述については、坂部(1993)、細谷(1998)、中山(2010a)(2010b)永守(2014)を参照。

(5)『唯識三十頌』第一偈の〈ウパチャーラ〉とその解釈に関しては、松岡(2006)、伊藤(2010)、Tzohar (2018) を参照。特に Tzohar は、ウパチャーラに関して、アビダルマ文献からバルトリハリ、ディグナーガの用例なども比較してあり、有益な情報を得られる。なお、『唯識三十頌釈』の解読では、荒牧(1976)を参照した。荒牧は〈ウパチャーラ〉を「仮構存在」と訳す。その他の訳語の選定も、哲学的な議論を念頭に置きながら行われており、唯識思想の哲学的意義を知るためには、荒牧訳から学ぶ点は多い。また、『唯識三十頌釈』の校訂テキストと英訳として、Buescher(2007)が公刊されている。

(6) ただし、注釈者スティラマティはこの仮の言語表現は「世間の人々および教説のなかで」起きると註釈する。つまり、ブッダの教説もまた、これらの自我や存在者について語るときには、仮の言語表現(ウパチャーラ)として機能するということである。

(7) ラトナキールティの仏教哲学については、Patil (2009) が『主宰神証明の論駁』『多様不二照明論』を中心に学説をまとめている。Cf. Moriyama (2015).

(8) 多様不二論の展開については、沖(1975)を参照。また、有相唯識と無相唯識の対立については沖(1982a)を参照。

(9) ディグナーガ以降の仏教論理学では、推論式における理由が〈因の三相〉を満たすかどうかが、その推論が妥当であるかどうかを決める基準になる。〈因の三相〉を満たさない理由（擬似的理由）は、〈不成立因〉〈不確定因〉〈矛盾因〉のいずれかに分類される。インド論理学、仏教論理学の詳細については、宇野（1996）、桂（1998）、志田（2020）を参照のこと。

（10）なお、ラトナキールティの立場は形象真実論に分類される。これに対立するのはダルモーッタラやラトナーカラシャーンティの形象虚偽論である。形象虚偽論では実体視は次のように分析される。概念知に映じる対象像が「把握対象の形象」と解されるのであれば、それは〈自己認識〉の対象であり、概念知の対象ではない。概念知の対象となるのは、把握対象とは別にある非実在の虚構対象（アーローピタ）である。つまり、Ａに相当するのは虚構対象であり、人はこれを「外界対象」（Ｂ）と思い込み、実体視する。特にダルモーッタラの虚構説については、片岡（2013）に詳しい。

第六章　自己認識と主観性

（1）自照説（self-illumination）と他照説（other-illumination）という用語は、Thompson (2015: 16–18) からの借用である。インド哲学における自己認識説（自照説）とそれに対立するニヤーヤ学派などの立場の違いについては、Matilal (1985) を参照。なお、バラモン教のなかでも、プラバーカラやラーマカンタのように自己認識に類する考えをもつ者がいたことが知られている。一方、仏教徒のなかでも、説一切有部は自己認識説をとらない。また、中観派のチャンドラキールティやシャーンティデーヴァは、自己認識の考えを厳しく批判した。

（2）他照説を説くもう一つの典型は、ミーマーンサー学派のうちのバッタ派の見解に見ることができる。彼らは、ある対象認識が生じた後に、その対象に付与された〈所知性〉が知覚されることから、先行する認識の存在を分析的導出（アルターパッティ）により理解するというプロセスを考えた。詳しくは吉水（1985）を参照のこと。

（3）後代のニヤーヤ学派の学匠ガンゲーシャの理解による（cf. Matilal 1986: 156）。なお、追決定について、ミーマーンサー学派のなかでこの概念を認めたムラーリミシュラの見解をふくめ、宮元・石飛（1998: 46–47）が参考になる。

(4) 自己認識論の展開については、Yao (2005)、片岡（2017）に詳しい。

(5) ディグナーガが説く欲望などの自己認識に関して、その見解の背景にはニヤーヤ学派が言う、欲望などは「各アートマン毎に感受されること」（pratyātmavedanīyatva）の議論があることが原田（1979）により指摘されている。また、楽などの自己認識については、三代（2011）を参照。

(6) 以下の考察の前提となる『認識論集成』「知覚」章十一偈後半―十二偈前半と自註の解読に関しては Kellner (2010) (2011) を参照。

(7) 前提四は、第十一偈第d句（na hy asāv avibhāvite）を受けているが、この箇所には若干の問題がある。詩節の方に登場した「顕現していないもの」（avibhāvita）が自註では「直接経験されていないもの」（ananubhūta）と言い換えられている。そして、想起と直接経験との関係については、「想起されるものであれば、それは先に直接経験されたものである」という因果関係として理解されている。ジネーンドラブッディの注釈（PSṬ 84.2–4）によれば、「〔遍充関係〕想起される対象は、〔先に〕直接経験されたものである。色などのように。〔主題所属性〕そして、〔認識に関して〕想起はある。以上は結果因である」と言う推論式にまとめられている。

(8) Cf. Thompson (2011: 163).

(9) フッサール（2016: 175, cf. Husserl 1966: 58–59）。

(10) 「延長志向性」の訳語は山口一郎氏からのご教示による。従来は「縦の志向性」と訳されることが多い。また、意識流における自己構成と唯識思想の〈自己認識〉（自証）との関連については、山口（2004 : Chap. 6）を参照。また、唯識思想と自己意識に関する包括的な研究として司馬（2003: 95–113）がある。

(11) フッサールの時間論については、Gallagher & Zahavi (2008: Chaps. 4–5)，ザハヴィ（2003: 121–148）を参照。なお、上記のトンプソンの議論は、フッサール（2016: 172–176, cf. Husserl 1966: 57–59）を下敷きとしたものであろう。なお、このトンプソンの議論について、佐藤透氏より貴重なご助言を頂いた。すなわち、『内的時間意識の現象学』はフッサールの草稿から再構成されたものであり、当該個所はフッサール自身が後に克服することになる考え方を述べたところであるため、トンプソン論文がその個所に従って議論を組み立てているとすると、フッサールの時間論理解としては問題があるというご指摘である。ここに記して謝意を表したい。このテキストの生成に関しては、佐藤（1987）を参照。

(12) ダルマキールティの sahopalambhaniyama 論証については，Matsumoto (1980), 福田（1986), Iwata (1991), Arnold (2010), Matsuoka (2020) を参照。最新の研究成果として、この論証の哲学的分析を行った Taber (2020) が発刊されたが、その成果を本書に反映させることはできなかった。

(13) 以下の『認識論決択』の翻訳にあたっては、Vetter (1966), 戸崎（1993）を参照した。

(14) 校訂テキスト (PVin 1: 40.7) の na vā については、チベット語訳に照らして否定辞は不要のため、B写本に従い、na vā を落とした形で読む。Cf. TSP 69–4.6.

(15) ダルマキールティにとって本質とは、個物としてのその事物を規定する因果効力であると同時に、類としてその事物を分類するための概念でもある。前者は実在のレベル、後者は概念のレベルに関わるが、本質にはその二重の関わりがあることが重要である。例えばダルマキールティは、「これは樹木である。なぜならばシンシャパー樹であるから」のような推論式の理由は「本質」に由来するもの（自性因）であると言う。一見するとこれは、「樹木」（上位概念）と「シンシャパー樹」（下位概念）との概念間の包摂関係に由来する推論に見えるが、ダルマキールティの意図はさらに別のところにあったと見るべきであろう。すなわち、上記のような包摂関係が成立するのは、第一の意味での本質もまた関与しているからであり、その観点から言えば、あるシンシャパー樹の個物が樹木に特有の因果効力を有していることが、「シンシャパー樹であれば、樹木である」という関係を成立させているのである。そして、このような実在レベルでの本質を介した二項の関係が「（本質を介した）結合関係」と呼ばれ、二項の片方からもう片方が必然的に帰結できること（遍充関係）の裏付けとされる。ダルマキールティの本質（svabhāva）については、Steinkellner (1971), 船山（1989）を参照。

(16)『認識論決択註』「知覚」章、デルゲ版、Dse 巻一六一裏を参照。

終章　信仰と理性の中道を目指して

(1) プラマーナを「物差し」と言い換えることは、稲見正浩氏よりご教授いただいた。

(2)『認識論評釈』「自己のための推理」章二一四偈と自註（PVSV 108.7–15）。

(3)『認識論評釈』「自己のための推理」章二一五偈と自註（PVSV 108.18–109.4）。Cf. Tillemans (1999: Chap. 1).

(4) *Aṅguttara-Nikāya*, III, 65. 特に最後の個所は片山（2008: 229–230）を参照し、訳を変えてある。また、〔　〕は外した表記で示した。

(5)『真実綱要』三三四〇—三三四四偈を参照。

あとがき

二〇〇七年の二月、私の前任者である谷沢淳三先生が五十二歳の若さで急逝された。谷沢先生は私が東京大学文学部印度哲学専修課程に進学した年に研究室の助手を務めておられた方であり、研究室の誰もが一目おく優れたインド哲学研究者だった（本人は研究のことより、ご自身の美男子ぶりの方を自慢されていたが）。私が大学院に進学する同じ年に先生は信州大学に赴任されたので、先生と一緒に過ごせた時間はそれほど長くはない。しかし、その後、東京大学に非常勤講師として教えにこられていた時期には、毎週のように、お帰りになる特急あずさの出発時間まで新宿で食事をご一緒させていただいたことが懐かしく思い出される。

谷沢先生のご専門は文法学者バルトリハリを中心としたインドの言語哲学であったが、公刊された論文はいずれも現代の言語哲学の諸議論を踏まえた、優れて哲学的な考察で埋め尽くされている。インド哲学を哲学として語ること、いや、「インド哲学」なるものはどこにも存在せず、そこにあるのはただ「哲学」と呼ばれるべき何かであること——これが谷沢先生の信条だったように思う。仏教認識論にも造詣の深かった先生はこの分野に関してもいくつかの論考を残されているが、認識論および知覚論に関しては次の二編がある。

Junzo Tanizawa, "Perception in Indian Philosophy — Is *Nirvikalpakaṃ Pratyakṣam* Possible?", *Journal of the Japanese Association for South Asian Studies*, No. 7, 1995.

谷沢淳三「ダルマキールティに見る仏教論理学派の知覚論の直接実在論的傾向」『インド哲学仏教学研究』九、二〇〇二年。

英語論文の方は、英米哲学におけるセンス・データ論批判を援用しながら、知覚を「概念的思考を離れたもの」(無分別知)として定義する仏教認識論の議論の問題点を指摘されたものである。当時のインド思想界でもバルトリハリが知覚はすべからく概念知を具えたものでなければならないと主張したことも紹介されており、知覚と概念との関係が洋の東西を問わず問題視されてきたことが明らかにされている。

一方、後者の日本語論文では、ダルマキールティの知覚論が表象主義や現象主義と呼ばれる類のものではなく、むしろ外界の対象実在と直接的に関係する直接実在論的な要素を多分にふくんでいることが論じられている。それは、従来の研究者がダルマキールティの知覚論に潜む矛盾点——知覚は一面において外界実在(独自相)と関係するが、同時にまた、対象像(表象)にも関係する——、すなわち知覚対象の二重性の問題を曖昧にしてきたことへの厳しい批判であった。

管見のかぎり、現在に至るまで、これらの論考に対して仏教認識論の研究者の側から表立ったレスポンスは出されていない。そこで私なりに谷沢先生の論考に対する仏教認識論の研究者からの応答を書いてみたいという気持ちで、本書の大部分は仕上げられている。先生が生きておられたら、「まるで応答になっていないよ」とお笑いになるだけかもしれないが、それはそれで構わない。先生が撒かれた議論の種が、多少歪《いびつ》な形でも、こうして一つの実を結んだことは喜んでいただけるはずだから。

そんな谷沢先生の後任として信州大学人文学部に奉職して十三年あまりの月日が流れようとしている。この間、先生が蒐集されたインド哲学・西洋哲学の書籍で埋め尽くされた壁面の本棚を眺めながら、私なりの仕方で比較思想に関わる論考をいくつか発表してきた。西洋哲学や中国哲学に知識のない私が周辺分野の研究にも目を通すことができるようになったのは、同僚の篠原成彦（言語哲学）・早坂俊廣（中国哲学）・三谷尚澄（倫理学・現代英米哲学）の三名の先生方からの影響が大きい。特に年齢の近い三谷先生とはワークショップや研究会などでご一緒する機会も多く、そのたびに舌鋒鋭く議論の弱点を指摘され、泣かされている。思い返せば、本書の第三章は、筑波大学の吉水千鶴子先生に声をかけていただいた比較思想のワークショップで発表した原稿がもとになっており、その際に三谷先生からいただいたコメントを参考にして改稿したものである。

それもふくめ、本書はこれまでに発表したいくつかの拙論がベースになっている。いずれも大幅な改稿を行ったため、本書に掲載したものはまったく別の論考と考えていただいた方がよいが、ご参考までに書誌情報を記しておく。

序　章　「比較思想から見た仏教認識論」『比較思想研究』四五号、二〇一九年。
第三章　「仏教認識論と所与の神話」『信州大学人文科学論集』第二号、二〇一五年。
第五章　"*Adhyavasāya* and Imagination," *Shinshu Studies in Humanities*, 3, 2016.
第六章　「自己認識（svasaṃvedana）と主観性」『比較思想研究』四四号、二〇一八年。

私のこれまでの仏教認識論の研究は、恩師の先生方からのご指導と研究仲間からの励ましにより支えられてきた。お一人お一人の名は記さないが、それらの方々に心より感謝申し上げる。ただ、お一人だけ、この比較思想という領域の研究に私を導いてくださった末木文美士先生のお名前はここに記しておきたい。比較思想学会の会員とは名ばかりで何の活動もしていなかった私に、「比較思想学会を盛り上げてもらいたい」と声をかけてくださり、また、新たに創設された未来哲学研究所にも研究員として推挙していただいた。比較思想、そしてその先にある仏教哲学の未来形へと、私の視野を拡げてくださったのは、末木先生である。深く感謝している。

終章でも少し触れたが、私が仏教の世界と出会うきっかけは、浄土真宗本願寺派の末寺に生を享けたところまで遡る（前世まで遡るのかもしれないが）。折りに触れ仏教の精神を伝えてくれた父と母、そして妻に拙い本書を捧げたい。

本書は、ぷねうま舎の中川和夫氏からいただいた一本の電話からはじまった。誰からも理解されない研究を重ねていることを自負していたが、書いたものは必ず誰かの目にとまるのだということを、その電話で知ることができた。本書の執筆を通して、優れた編集者の仕事ぶりを目の当たりにし、あらためて氏と出会えたことの幸せを感じている。中川氏のご尽力に対して、また校正の際にお世話になった志田（三代）舞氏のご協力に対して謝意を表す。

本書がインド哲学や仏教哲学、そして比較思想に関心をもっていただくためのきっかけになることを念じつつ、この分野のパイオニアであるB・K・マティラルの言葉をもって結びとしたい。

… we recognize in the writtings of Indian philosophers a different style in doing philosophy rather than doing a different philosophy. (Matilal 1986, p. 105f.)

二〇二〇年十二月

護山真也

護山真也

1972年生まれ．専攻，仏教学，比較思想．ウィーン大学博士課程修了（Dr. Phil.）．現在，信州大学人文学部教授．著書に*Omniscience and Religious Authority* (LIT Verlag, 2014)，編著に*Transmission and Transformation of Buddhist Logic and Epistemology in East Asia* (Arbeitskreis für Tibetische und Buddhistische Studien Universität Wien, 2020)，共著に『シリーズ大乗仏教９　認識論と論理学』（春秋社，2012），*Buddhist Philosophy of Consciousness* (Brill, 2020)，論文に「仏教哲学の可能性——無我説をめぐる西洋哲学との対話」（『現代思想』46-16, 2018），「有時管見——道元の時間論とB 系列の時間論」（『信州大学人文科学論集』第６号，2019），「仏教認識論の射程——未来原因説と逆向き因果」（『未来哲学』創刊号，2020）などがある。

仏教哲学序説

2021年3月25日　第1刷発行

著　者　護山真也《もりやましんや》

発行所　未来哲学研究所
https://miraitetsugaku.com

発売所　株式会社ぷねうま舎
〒162-0805
東京都新宿区矢来町122　第二矢来ビル3F
電話 03-5228-5842　ファックス 03-5228-5843
http://www.pneumasha.com

印刷・製本　株式会社ディグ

ISBN 978-4-910154-15-2　Printed in Japan

《未来哲学双書》

東洋哲学序説 井筒俊彦と二重の見　西平 直　四六判・二一四頁　本体二〇〇〇円

坐禅入門 禅の出帆　佐藤 研　四六判・二四六頁　本体二三〇〇円

跳訳 道元 ——仏説微塵経で読む正法眼蔵——　齋藤嘉文　四六判・二四八頁　本体二五〇〇円

死後の世界 ——東アジア宗教の回廊をゆく——　立川武蔵　四六判・二四六頁　本体二五〇〇円

老子と上天 ——神観念のダイナミズム——　浅野裕一　四六判・二七二頁　本体三四〇〇円

時間と死 ——不在と無のあいだで——　中島義道　四六判・二二〇頁　本体二一〇〇円

虹と空の存在論　飯田 隆　四六判・二四〇頁　本体二三〇〇円

味わいの現象学 ——知覚経験のマルチモダリティ——　村田純一　四六判・三四〇頁　本体三四〇〇円

湯殿山の哲学 ——修験と花と存在と——　山内志朗　四六判・二四〇頁　本体二五〇〇円

——ぷねうま舎——

表示の本体価格に消費税が加算されます

2021年3月現在

参考文献

1　原典資料

本書で使用した仏教認識論のテキストは以下の通りである。

(1) ディグナーガ『認識論集成』（*Pramāṇasamuccaya*）「知覚」章

Hattori Masaaki (1968)　*Dignāga, On Perception*. Harvard University Press.

Steinkellner, Ernst (2005)　*Dignāga's Pramāṇasamuccaya, Chapter 1: A Hypothetical Reconstruction of the Sanskrit Text with the Help of the Two Tibetan Translations on the Basis of the Hitherto Known Sanskrit Fragments and the Linguistic Materials Gained from Jinendrabuddhi's Ṭīkā*.
URL: https://www.oeaw.ac.at/fileadmin/Institute/IKGA/PDF/forschung/buddhismuskunde/dignaga_PS_1.pdf〔最終アクセス 2020.3.20〕

(2) ディグナーガ『正理門論』（*Nyāyamukha*）

桂紹隆（1977）―（1987）「因明正理門論研究〔一〕」―「因明正理門論研究〔七〕」『広島大学文学部紀要』第37巻―第46巻.

(3) ダルマキールティ『認識論評釈』（*Pramāṇavārttika*）

Miyasaka Yūshō (1971/72)　"Pramāṇavārttika-kārikā (Sanskrit and Tibetan)." *Acta Indologica* 2.

・第１章　「自己のための推理」章および『認識論評釈自註』

Gnoli, Raniero (ed.)(1960)　*The Pramāṇavārttikam of Dharmakīrti: The First Chapter with the Autocommentary*. Istituto Italiano per il Medio ed Estremo Oriente.

・第２章　「プラマーナの確立」章

Vetter, Tilmann (1990)　*Der Buddha und seine Lehre in Dharmakīrtis Pramāṇavārttika*. Arbeitskreis für Tibetische und Buddhistische Studien Universtität Wien. Second revised edition.

・第３章　「知覚」章

戸崎宏正（1979）『仏教認識論の研究　上巻』大東出版社.

戸崎宏正（1985）『仏教認識論の研究　下巻』大東出版社.
Franco, Eli & Notake, Miyako (2014) *Dharmakīrti on the Duality of the Object : Pramāṇavārttika III 1–63*. LIT Verlag.
・第4章 「他者のための推理」章
Tillemans, Tom J. F. (2000). *Dharmakīrti's Pramāṇavārttika: An Annotated Translation of the Fourth Chapter (Parārthānumāna) Volume 1*. Vienna: Österreichische Akademie der Wissenschaften.
(4) ダルマキールティ『認識論決択』（*Pramāṇaviniścaya*）
Steinkellner, Ernst (ed.)(2007) *Dharmakīrti's Pramāṇaviniścaya. Chapters 1 and 2*. China Tibetology Publishing House/Austrian Academy of Sciences Press.
Hugon, Pascale & Tomabechi Toru (eds.)(2011) *Dharmakīrti's Pramāṇaviniścaya. Chapter 3*. China Tibetology Publishing House/Austrian Academy of Sciences Press.
Vetter, Tilmann (1966) *Dharmakīrti's Pramāṇaviniścayaḥ. 1. Kapitel: Pratyakṣam*. Kommissionverlag der Österreichischen Akademie der Wissenschaften.
Steinkellner, Ernst (1973) *Dharmakīrti's Pramāṇavniścayaḥ. Zweites Kapitel: Svārthānumānam*. Verlag der Österreichischen Akademie der Wissenschaften.
(5) ダルマキールティ『論理の雫』（*Nyāyabindu*）
Malvania, Dalsukhbhai (ed.)(1971) *Paṇḍita Durveka Miśra's Dharmottarapradīpa*. Kashi Prasad Jayaswal Research Institute. Second revised edition.
(6) ダルマキールティ『理由の雫』（*Hetubindu*）
Steinkellner, Ernst (ed.)(2016) *Dharmakīrti's Hetubindu*. China Tibetology Publishing House/Austrian Academy of Sciences Press.
Steinkellner, Ernst (1967) *Dharmakīrti's Hetubinduḥ*. 2 Vols., Hermann Böhlaus Nachf.
(7) ダルモーッタラ『論理の雫註』（*Nyāyabinduṭīkā*） →(5) を参照.
(8) プラジュニャーカラグプタ『認識論評釈荘厳』（*Pramāṇavārttikālaṅkāra*）
Sāṅkṛtyāyana, Rāhula (ed.)(1953) *Pramāṇavārtikabhāshyam or Vārtikālaṅkāraḥ*

of Prajñākaragupta. Kashi Prasad Jayaswal Research Institut.
(9) マノーラタナンディン『認識論評釈註』(*Pramāṇavārttikavṛtti*)
Sāṅkṛtyāyana, Rāhula (ed.)(1938–1940) "Dharmakīrti's Pramāṇavārttika with a commentary by Manorathanandin." Appendix to *Journal of the Bihar and Orissa Research Society* 24–26.
(10) シャーンタラクシタ／カマラシーラ『真実綱要』／『真実綱要細註』(*Tattvasaṅgraha*/*Tattvasaṅgrahapañjikā*)
Shastri, Swami Dwarikadas (ed.)(1981–1982) *Tattvasaṅgraha of Ācārya Shāntarakṣita with the Commentary 'Pañjikā' of Shri Kamalashīla*. 2 Vols., Bauddha Bharati.
(11) ラトナキールティ『多様不二照明論』(*Citrādvaitaprakāśavāda*)
Anantal Thakur (ed.)(1975) *Ratnakīrtinibandhāvaliḥ*. Kashi Prasad Jayaswal Research Institute. Second revised edition.
(12) モークシャーカラグプタ『論理のことば』(*Tarkabhāṣā*)
H. R. Rangaswami Iyengar (ed.)(1952) *Tarkabhāṣā and Vādasthāna of Mokṣā-karagupta and Jitāripāda*. The Hindusthan Press.

〈その他の原典資料〉
(13) ヴァスバンドゥ『唯識三十頌』(*Triṃśikā*)／スティラマティ『唯識三十論』(*Triṃśikābhāṣya*)
Triṃśikākārikāḥ of Vasubandhu. Sylvan Lévi (ed.)(1925) *Vijñaptimātratāsiddhi*, Paris.
Buescher, Hartmut (2007) *Sthiramati's Trimśikāvijñaptibhāṣya: Critical Editions of the Sanskrit Text and Its Tibetan Translation*. Verlag der Österreichischen Akademie der Wissenschaften.
(14)『ミリンダ王の問い』(*Milindapañhā*)
V. Trenckner (ed.)(1960) *The Milindapañho, Being Dialogues between King Milinda and the Buddhist Sage Nāgasena*. Pali Text Society.

2 欧文資料

Arnold, Dan (2005) *Buddhists, Brahmins, and Belief: Epistemology in South Asian Philosophy of Religion*. Columbia University Press.

Arnold, Dan (2010) "Self-Awareness (*svasaṃvitti*) and Related Doctrines of Buddhists Following Dignāga: Philosophical Characterizations of Some of the Main Issues," *Journal of Indian Philosophy* 38.

Buescher, Hartmut (2007) Sthiramati's *Triṃśikāvijñaptibhāṣya: Critical Editions of the Sanskrit Text and Its Tibetan Translation*. Verlag der Österreichischen Akademie der Wissenschaften.

Bonjour, Laurence & Ernst Sosa (2003) *Epistemic Justification*. Blackwell Publishers.〔上枝美典訳『認識的正当化——内在主義対外在主義』産業図書 2006〕

Brandom, Robert (1997) "Study Gude," in Sellars (1997).

Dreyfus, Georges (1997) *Recognizing Reality: Dharmakirti's Philosophy and Its Tibetan Interpretations*, State University of New York Press.

Dunne, John (2004) *Foundations of Dharmakirti's Philosophy*. Wisdom Publications.

Dunne, John (2006) "Realizing the unreal: Dharmakīrti's theory of yogic perception," *Journal of Indian Philosophy* 34.

Eltschinger, Vincent (2010) "Dharmakīrti," *Revue Internationale de Philosophie* 64 (No. 253/3).

Eltschinger, Vincent, Taber, John, Much, Michaerl Torsten, Ratié, Isabelle (2018) *Dharmakīrti's Theory of Exclusion* (*apoha*). *Part I*. The International Institute for Buddhist Studies.

Fish, William (2010) *Philosophy of Perception: A Contemporary Introduction*. Routledge.

Franco, Eli (1997) *Dharmakīrti on Compassion and Rebirth*. Wien: Arbeitskreis für Tibetische und Buddhistische Studien Universität Wien.

Franco, Eli (2017) Dharmakīrti. In: Karl H. Potter (ed.), *Encyclopedia of Indian Philosophy, Vol. XXI: Buddhist Philosophy from 600 to 750 A.D.*. Motilal Banarsidass.

Frauwallner, Erich (1953–1956) *Geschichte der indischen Philosophie*. 2 Vols., Otto Müller.

Frauwallner, Erich (1956) *Die Philosophie des Buddhismus*. Akademie Verlag.

Gallagher, Shaun & Dan Zahavi (2008) *The Phenomenological Mind: An Introduction to Philosophy of Mind and Cognitive Science*. Routledge.

Garfield, Jay L. (2019) "Givenness and Primal Confusion," J. Garfield (ed.), *Wilfrid Sellars and Buddhist Philosophy: Freedom from Foundations*. Routledge.

Hattori Masaaki (1968) *Dignāga, On Perception*. Harvard University Press.

Husserl, Edmund (1966) *Zur Phänomenologie des inneren Zeitbewußtseins. Mit den Texten aus der Erstausgabe und dem Nachlaß*. Rudolf Boehm (ed.), Martinus Nijhoff.

Iwata Takashi (1991) *Sahopalambhaniyama*. 2 Vols., Franz Steiner Verlag.

James, William (1956) "The Will to Believe." *The Will to Believe and Other Essays in Popular Philosophy*. Dover Publications.

Kant, Immanuel (1998). KRV=*Kritik dere reinen Vernunft*. Hg. Jens Timmermann, Felix Meiner Verlag.

Katsura Shōryū (1984) "Dharmakīrti's Theory of Truth," *Journal of Indian Philosophy* 12.

Kellner, Birgit (2010) "Self-Awareness (*svasaṃvedana*) in Dignāga's *Pramāṇa-samuccaya* and *-vṛtti*: A Close Reading," *Journal of Indian Philosophy* 38.

Kellner, Birgit (2011) "Self-awareness (*svasaṃvedana*) and Infinite Regresses: A Comparison of Arguments by Dignāga and Dharmakīrti," *Journal of Indian Philosophy* 39.

Matilal, Bimal Krishna (1985) "Problems concerning 'Self-Awareness'," *Indo shisōshi kenkyū* 3.

Matilal, Bimal Krishna (1986) *Perception: An Essay on Classical Indian Theories of Knowledge*. Clarendon Press.

Matsumoto Shirō (1980) "Sahopalambha-niyama," *Sōtōshū kenkyūin kenkyūsei kenkyū kiyō* 13.

Matsuoka Hiroko (2020) "Śāntarakṣita on Two Kinds of Arguments for Self-

Awareness: *sahopalambhaniyama* and *saṃvedana*," in B. Kellner et al. (ed.), *Reverberations of Dharmakīrti's Philosophy*. Austrian Academy of Sciences Press.

McClintock, Sara (2003) "The Role of 'Given' in the Classification of Śāntarakṣita and Kamalaśīla as Svātantrika-Mādhyamikas," in G. Dreyfus & S. McClintock (eds.), *The Svātantrika-Prāsaṅgika Distinction*. Wisdom Publications.

Moriyama Shinya (2015) "Toward a Better Understanding of Ratnakīrti's Ontology," *Nagoya Studies in Indian Culture and Buddhism: SAṂBHĀṢĀ* 32.

Patil, Parimal (2009) *Against a Hindu God: Buddhist Philosophy of Religion in India*. Columbia University Press.

Revel, Jean-François et Matthieu Ricard (1997) *Le moine et le philosophe*. Nil.

Ruegg, D. Seyfort (1971) "Dedication to the Th. Stcherbatsky," *Journal of Indian Philosophy* 1.

Russell, Bartrand (1912) *The Problems of Philosophy*. Home University Library.

Sāṅkṛtyāyana, Rāhula (1935) "Sanskrit Palm-Leaf MMS. in Tibet," *Journal of the Bihar and Orissa Research Society* 21.

Sāṅkṛtyāyana, Rāhula (1937) "Second Search on Sanskrit Palm-Leaf MMS. in Tibet," *Journal of the Bihar and Orissa Research Society* 23.

Sellars, Wilfrid (1997) *Empiricism and the Philosophy of Mind, with an Introduction by Richard Rorty and a Study Guide by Robert Brandom*. Harvard University Press (Originally published in 1956)〔浜野研三訳『経験論と心の哲学』岩波書店，2006；神野慧一郎・土屋純一・中才敏郎訳『経験論と心の哲学』勁草書房，2006.〕

Siderits, Mark, Thompson, Evan, & Dan Zahavi (2011) *Self, No Self? Perspectives from Analytical, Phenomenological, & Indian Traditions*. Oxford University Press.

Stcherbatsky, Theodor (1930–1932) *Buddhist Logic*. 2 vols., Leningrad. (Reprint: Dover Publications, 1962).

Steinkellner, Ernst (1971) "Wirklichkeit und Begriff bei Dharmakīrti," *Wiener Zeitschrift für die Kunde Südasiens* 15.

Steinkellner, Ersnt (1979) *Dharmakīrti's Pramāṇaviniścayaḥ*. 2 vols., Verlag der Österreichischen Akademie der Wissenschaften.

Steinkellner, Ernst (1982) "The Spiritual Place of the Epistemological Tradition in Buddhism," *Nanto Bukkyō* 49.

Steinkellner, Ernst (2003) "Once More on Circles," *Journal of Indian Philosophy* 31.

Steinkellner, Ernst (2004) *A Tale of Leaves: On Sanskrit Manuscripts in Tibet, their Past and their Future*. Royal Netherlands Academy of Arts and Sciences.

Steinkellner, Ernst (2013) *Dharmakīrtis frühe Logik. Annotierte Übersetzung der logischen Teile von Pramāṇavārttika 1 mit der Vṛtti*. 2 Vols., The International Institute for Buddhist Studies.

Steinkellner, Ernst & Michael Torsten Much (1995) *Texte der erkenntnis-theoretischen Schule des Buddhismus*. Vandenhoeck & Ruprecht.

Strawson, P. F. (1982) "Imagination and Perception," in R. Walker (ed.), *Kant and Pure Reason*. Oxford University Press.

Taber, John (2020) "Philosophical Reflections on the *sahopalambhaniyama* Argument," in B. Kellner, P. McAllister, H. Lasic, S. McClintock (eds.), *Reverberations of Dharmakīrti's Philosophy*. Austrian Academy of Sciences Press.

Thompson, Evan (1991) "Self-No-Self?," in Siderits et al. (2011).

Tillemans, Tom J. F. (1999) *Scripture, Logic, Language: Essays on Dharmakīrti and His Tibetan Successors*. Wisdom Publications.

Tillemans, Tom J.F. (2003) "Metaphysics for Mādhyamikas," G. Dreyfus & S. McClintock (eds.), *The Svātantrika-Prāsaṅgika Distinction*. Wisdom Publications.

Tillemans, Tom J. F. (2017) "Dharmakīrti", *The Stanford Encyclopedia of Philosophy* (*Spring* 2017 *Edition*). Edward N. Zalta (ed.), URL =https://plato.stanford.edu/archives/spr2017/entries/dharmakiirti/

Tzohar, Roy (2018) *A Yogācāra Buddhist Theory of Metaphor*. Oxford

University Press.
Vetter, Tilmann (1966) *Dharmakīrti's Pramāṇaviniścayaḥ. 1. Kapitel: Pratyakṣam.* Kommissionsverlag der Österreichischen Akademie der Wissenschaften.
Vetter, Tilmann (1990) *Der Buddha und Seine Lehre in Dharmakīrtis Pramāṇavārttika.* Arbeitskreis für Tibetische und Buddhistische Studien Universität Wien.
Yao Zhihua (2005) *The Buddhist Theory of Self-Cognitio.* Routledge.

3　日本語資料

荒牧典俊(1976) 「唯識三十論」『大乗仏典15　世親論集』中央公論社.
石田尚敬(2015) 「瞑想者の認識をめぐる考察——仏教認識論・論理学派を中心に『禅学研究所紀要』第44号.
井筒俊彦(1991) 『超越のことば』岩波書店.
伊藤康裕(2010) 「安慧の唯識説についての一考察——upacāra の定義を中心に」『久遠——研究論文集』第1号.
稲見正浩(1989) 「ダルマキールティにおける仏道」『日本仏教学会年報』第54号.
稲見正浩(1993) 「仏教論理学派の真理論——デーヴェーンドラブッディとシャーキャブッディ」『渡邊文麿博士追悼記念論集　原始仏教と大乗仏教』永田文昌堂.
稲見正浩(2012a) 「存在論——存在と因果」桂紹隆他編『シリーズ大乗仏教9　認識論と論理学』春秋社.
稲見正浩(2012b) 「二種の因果効力——sāmānyaśakti とpratiniyataśakti」『印度学仏教学研究』第61巻第 1号.
岩田孝(1987) 「ヨーガ行者の知の整合性について——法称説を中心にして」『比較思想の世界』北樹出版.
宇野惇(1996) 『インド論理学』京都：法蔵館.
大森荘蔵(1982) 『新視覚新論』東京大学出版会.
大森荘蔵(2015a) 『思考と論理』筑摩書房〔初版1986年，放送大学教育振興会〕

大森荘蔵(2015b)『物と心』筑摩書房〔初版1976年, 東京大学出版会〕
岡本裕一朗(2012)『ネオ・プラグマティズムとは何か』ナカニシヤ出版.
沖和史(1975)「《citrādvaita》理論の展開――Prajñākaragupta の論述」『東海仏教』第20号.
沖和史(1982a)「無相唯識と有相唯識」『講座・大乗仏教８　唯識思想』春秋社.
沖和史(1982b)「自相について」『密教学研究』第14号.
沖和史(1990)「ダルモーッタラ著『正理一滴論註』(Nyāyabinduṭīkā)第一章における知覚判断」『仏教と社会　仲尾俊博先生古稀記念』永田文昌堂.
小野基(2012)「真理論――プラマーナとは何か」『シリーズ大乗仏教９　認識論と論理学』春秋社.
梶山雄一(1983)『仏教における存在と知識』紀伊国屋書店.
梶山雄一(2013) 吹田隆道編『梶山雄一著作集第七巻　認識論と論理学』春秋社.
片岡啓(2003)「仏陀の慈悲と権威をめぐる聖典解釈学と仏教論理学の対立」『東洋文化研究所紀要』第142号.
片岡啓(2008)「『印哲』は何を目指してきたのか？」『南アジア研究』第20号.
片岡啓(2012)「自己認識と二面性――ディグナーガにおける認識の構造」『印度学仏教学研究』第60巻2号
片岡啓(2013)「ダルモッタラの概念論――付託と虚構」『インド論理学研究』第VII 号.
片岡啓(2017)「自己認識の生成・背景・変質」『南アジア古典学』第12号.
片山一良(2008)『ブッダのことば　パーリ仏典入門』大法輪閣.
桂紹隆(1969)「ダルマキールティにおける『自己認識』の理論」『南都仏教』第23号.
桂紹隆(1984)「ディグナーガの認識論と論理学」, 平川彰他編『講座・大乗仏教９　認識論と論理学』春秋社.
桂紹隆(1989)「知覚判断・擬似知覚・世俗知」『藤田宏達博士還暦記念論集　インド哲学と仏教』平楽寺書店.
桂紹隆(1998)『インド人の論理学　問答法から帰納法へ』中央公論社.〔法藏館文庫より再刊2021年〕

桂紹隆(2002) 「存在とは何か——ダルマキールティの視点」『龍谷大学仏教文化研究所紀要』第41集.
加藤純章(1989) 『経量部の研究』春秋社.
金子宗元(1997) 「'arthakriyāsamartha' の解釈を巡って——『量評釈』「現量章」第三偈を中心として」『曹洞宗研究員研究紀要』第28号.
川崎信定(1992) 『一切智思想の研究』春秋社.
木村俊彦(1998) 『ダルマキールティにおける哲学と宗教』大東出版社.
ギャラガー、ショーン/ザハヴィ、ダン(2011) 石原孝二・宮原克典・池田喬・朴嵩哲訳『現象学的な心——心の哲学と認知科学入門』勁草書房.
斎藤明・高橋晃一・堀内俊郎・松田訓典・一色大悟・岸清香編(2011) 『『倶舎論』を中心とした五位七十五法の定義的用例集』山喜房仏書林.
酒井真道(2020) 「瞬間(刹那)と可分性・不可分性」『比較思想研究』第46号.
坂部恵(2006) 「構想力の射程」『坂部恵集一』岩波書店〔初出は1993年〕.
櫻部建(1996) 「無常の弁証」, 櫻部建・上山春平『仏教の思想2 存在の分析〈アビダルマ〉』角川書店(角川ソフィア文庫).
佐藤透(1987) 「フッセルにおける二つの過去把持概念——研究途上としての『時間講義』」『思索』第20号.
ザハヴィ, ダン(2003) 工藤和男・中村拓也訳『フッサールの現象学』晃洋書房.
ザハヴィ, ダン(2017) 中村拓也訳『自己意識と他性——現象学的探究』法政大学出版局.
志田泰盛(2020) 「インドの論理学」, 伊藤邦武他編『世界哲学史 別巻』筑摩書房(ちくま新書).
司馬春英(2006) 『唯識思想と現象学——思想構造の比較研究に向けて』大正大学出版会.
ジェイムズ、ウィリアム(1961) 福鎌達夫訳『ウィリアム・ジェイムズ著作集2 信ずる意志』日本教文社.
鈴木生郎・秋葉剛史・谷川卓・倉田剛(2014) 『現代形而上学——分析哲学が問う、人・因果・存在の謎』新曜社.
高村夏輝(2013) 『ラッセルの哲学[1903-1918]センスデータ論の破壊と再生』勁草書房.
谷貞志(1996) 『〈無常〉の哲学——ダルマキールティと刹那滅』春秋社.

谷貞志（2000）『刹那滅の研究』春秋社.
塚本啓祥・松長有慶・磯田熙文編（1990）『梵語仏典の研究 III　論書篇』平楽寺書店.
戸崎宏正（1979）『仏教認識論の研究　上巻』大東出版社.
戸崎宏正（1985）『仏教認識論の研究　下巻』大東出版社.
戸崎宏正（1993）「法称著『プラマーナ・ヴィニシュチャヤ』第１章　現量（知覚）論の和訳（10）」『西日本宗教学雑誌』第15号.
戸田山和久（2003）『知識の哲学』産業図書.
中須賀美幸（2014）「ダルマキールティの『付託の排除』論――adhyavasāya, niścaya, 知覚判断の関係をめぐって」『南アジア古典学』第9号.
中須賀美幸（2019）「grāhya/adhyavaseya 再考――成立の背景と史的展開『インド学チベット学研究』第23号.
中須賀美幸・石村克（2018）「sāmānyalakṣaṇa とは何か――niṣṭhā と adhyavasāya」『南アジア古典学』第13号.
中村元（1981）「インド論理学の理解のために１　ダルマキールティ「論理学小論」(Nyāya-bindu)」『法華文化研究』第7号.
中村元（1983）「インド論理学の理解のために２　インド論理学・術語集成――邦訳のこころみ」『法華文化研究』第9号.
中村元（1984）『ブッダのことば　スッタニパータ』岩波書店.
中村元（1986）『学問の開拓』佼成出版社.
中山元（2010a）「解説」『純粋理性批判２』光文社.
中山元（2010b）「解説」『純粋理性批判３』光文社.
長尾雅人編（1978）『世界の名著２　大乗仏典』中央公論社.
長尾雅人編（1979）『世界の名著１　バラモン教典　原始仏典』中央公論社.
永守伸年（2014）「総合とは別の仕方で――カントにおける構想力と形象能力」『実践哲学研究』第37号.
浪花宣明（2017）「大きな章65」, 中村元監修『原始仏典III　増支部経典』春秋社.
西田幾多郎（1989）「場所的論理と宗教的世界観」, 上田閑照編『西田幾多郎哲学論集III』岩波書店〔初出は1946年〕.
原田和宗（1979）「愛欲などの自己認識」『印度学仏教学研究』第46巻第1号.

フィッシュ・ウィリアム(2014) 源河亨・國領佳樹・新川拓哉訳『知覚の哲学入門』勁草書房.
福田洋一(1986) 「形象虚偽論と『同時知覚の必然性』論証」, 山口瑞鳳監修『チベットの仏教と社会』春秋社.
福田洋一(1999) 「ダルマキールティにおけるadhyavasāya について」『印度学仏教学研究』第47巻第2号.
フッサール, エドムント(2016) 谷徹訳『内的時間意識の現象学』筑摩書房(ちくま学芸文庫).
船山徹(1989) 「ダルマキールティの「本質」論——bhāva とsvabhāva」『南都仏教』63.
船山徹(2000) 「瞑想の実践における分別知の意義——カマラシーラの場合」『神子上恵生教授頌寿記念論集 インド哲学仏教思想論集』永田文昌堂.
船山徹(2012) 「認識論——知覚の理論とその展開」, 桂紹隆他編『シリーズ大乗仏教9 認識論と論理学』春秋社.
船山徹(2020) 『シリーズ実践仏教Ⅰ 菩薩として生きる』臨川書店.
細谷昌志(1998) 『カント 表象と構想力』創文社.
松岡寛子(2006) 「仮説と識転変——『唯識三十頌』における仮説の構造」『哲学』(広島哲学会)第58号.
松岡寛子(2010) 「シャーンタラクシタのsahopalambhaniyama 論証再考」『哲学』(広島哲学会)第62号.
三谷尚澄(2011) 「経験論の再生と二つの超越論哲学——セラーズとマクダウェルにおけるカント的直観の受容/変奏をめぐって」『哲学論叢』第38号.
御牧克己(1988) 「経量部」『岩波講座 東洋思想第八巻 インド仏教1』岩波書店, 所収.
三代舞(2011) 「ダルマキールティによる楽などの自己認識について」『仏教学』第53号.
三代舞(2012) 「『プラマーナ』(pramāṇa)という語のもつ二つの意味とその関係——仏教論理学派とニヤーヤ学派」『久遠——研究論文集』第3号.
宮坂宥勝(1984) 「ダルマキールティの生涯と作品」『インド古典論 下』筑摩書房.
宮元啓一・石飛道子(1998) 『インド新論理学派の知識論——『マニカナ』の和

訳と註解』山喜房佛書林.
村上真完(1991)　『インド哲学概論』平楽寺書店.
護山真也(2018)　「ヨーガ行者による過去や未来の認識について」『印度学仏教学研究』第66巻第2号.
山口一郎(2004)　『文化を生きる身体——間文化現象学試論』知泉書館.
吉水清孝(1985)　「クマーリラによる無形象知識論の方法について」『印度学仏教学研究』第34巻第1号.
ラッセル, バートランド(2005)　高村夏輝訳『哲学入門』筑摩書房(ちくま学芸文庫).
ルヴェル, ジャン=フランソワ/リカール, マチウ(2008)　菊地昌実・高砂伸邦・高橋百代訳『僧侶と哲学者　チベット仏教をめぐる対話』新評論〔新装版〕.